청소년이 알아야 할

사회경제학자들

장 클로드 드루앵

김종명 옮김

東 文 選

청소년이 알아야 할 사회경제학자들

Jean-Claude Drouin

Les grands auteurs en sciences économiques
et sociales

© Presses Universitaires de France, 1996

This edition was published by arrangement
with Presses Universitaires de France, Paris
through Imprina Korea Agency, Seoul

머리말

경제학과 사회학에 관한 프랑스 고등학교 2학년, 3학년의 새로운 교육 과정은 학생들로 하여금 이 분야의 위대한 저자들에 대한 지식을 갖추도록 하는 것에 강조점을 두고 있다. 실제로 위대한 저자들의 이론이나 개념과 친숙해지지 않으면서 경제학이나 사회학을 하는 것은 무의미한 것으로 여겨진다. 과연 리카도나 마르크스·케인스를 언급하지 않고서 국제 무역, 사회 계층, 소비 등을 논할 수 있을까? 피에르 부르디외나 레이몽 부동의 분석을 인용하지 않으면서 어떻게 사회적 유동성의 과정 안에서 학교가 차지하는 역할을 논할 수 있을까?

이 책은 고2 수업부터 바칼로레아[프랑스의 대학입학자격시험] 때까지 경제학과 사회학을 공부하는 고등학생들을 돕기 위한 목적으로 쓰여졌다. 따라서 경제학과 사회학의 입문을 위해서는 필요 불가결한 7명의 경제학자와 5명의 사회학자, 총 12명의 위대한 저자들을 소개하고 있다. 각 저자에 대한 내용은 우선 저자의 이론 및 사상에 대한 간략한 소개를 하고, 바칼로레아에 맞게 저자의 이론에 대한 비판과 저자의 사상이 지니고 있는 오늘날의 모습 등을 담고 있다. 이 책은 바칼로레아를 대비한 경제학과 사회학 분야의 참고서이지만, 동시에 경제학과 사회학 사상사에 관심이 있는 사람들에게는 입문서 역할을 담당할 수 있는 책이다.

차 례

1. 위대한 경제학자들

2. 위대한 사회학자들

1

위대한 경제학자들

I. 애덤 스미스
영국 고전주의 학파의 창시자

애덤 스미스는 1723년 스코틀랜드의 커콜디에서 태어나, 글래스고와 옥스퍼드대학교에서 철학을 공부한다. 1751년 글래스고대학교의 논리학 교수로 임명되며, 그 명성은 그로 하여금 젊은 버클루 공작의 가정교사가 되게 한다. 그리하여 버클루 공작과 함께 유럽 여행을 하면서 젊은 공작으로 하여금 당대의 위대한 사상가들을 만나도록 한다. 바로 이 여행을 통해서 애덤 스미스는 달랑베르 · 엘베시우스와 같은 백과전서 학파나 케네 · 튀르고와 같은 중농주의 학파의 경제학자들을 만나게 된다. 케네와 튀르고는 바로 애덤 스미스를 정치경제학으로 인도한 이들이다. 1778년 에든버러 세관의 세관원으로 임명되며, 1790년에 그 생애를 마친다.

애덤 스미스는 흔히 '정치경제학의 아버지'로 여겨진다. 그의 주요 저서인 《국부의 성격과 원인에 관한 연구》(이 책은 종종 《국부론》이라고 불린다)는 경제사상사에 있어서 하나의 단절을 구성한다. 그는 귀금속의 보유를 부의 원천으로 내세우는 중상주의 명제를 배격하면서 부의 기반에 대해서 자문한다.

그는 오직 경작 노동에만 부를 관련시키는 중농주의에도 반대한다. 애덤 스미스에게 있어서 **국부는 분업과 경제적 자유에 그 기반을 둔다.**

애덤 스미스에 의하면, 거스르지 않는 것이 합당한 어떤 자연 질서의 존재와 '자유 방임'의 공리에 의거하여 개인적 이익과 목표의 추구는 아주 자연스럽게 전체 사회 집단을 부유하게 만들 수 있다.

[주요 저서]
《도덕감정론》(1759)
《국부의 성격과 원인에 관한 연구》(《국부론》, 1776)

1. 애덤 스미스는 자유 경제 이론의 기초를 만든다.

■ 경제 활동에 대한 규제를 하는 것은 시장의 몫이다. 국가는 개인이 주체적으로 경제 활동을 하는 것을 방임한다.

● 시장은 개인적 이익이 집단적 이익으로 바뀌는 변천 과정을 책임진다.

애덤 스미스는 시장의 법칙을 만든다. 모든 개인들이 동일한 방식으로 동기 부여가 된 전체 집단 안에서 개인적 이익의 작용은 경쟁을 이끌어 낸다. 그리고 경쟁은 경제적 주체들 모두가 바라는 제품이 가장 많은 사람들에 의해서 받아들여지는 가격에 생산되도록 이끈다. 개인적 욕망을 추구하기 위해서 움직이는 각 개인은 자신의 활동에서 가능한 한 최대의 이익을 이끌어 낼 목적으로 타자들의 요구를 만족시키고자 한다. 이것이 바로 애덤 스미스가 '보이지 않는 손'이라고 부르는 것이다. 이 보이지 않는 손에 의해서 개인의 이익과 욕망은 사회 전체에 가장 유익한 방향으로 인도되어진다.

우리는 거의 항상 다른 사람들의 도움을 필요로 한다. 그렇지만 우리가 다른 사람이 호의로 우리를 도와줄 것이라고 기대하는 것은 헛된 일이다. 다른 사람들의 도움을 받기 위해서 우리가 다른 사람들의 개인적인 이익에 호소를 한다면 우리는 좀더 확실하게 도움을 받을 수 있을 것이다(…). 우리가 저녁을 먹을 수 있는 것은 푸줏간 주인이나 맥주가게 주인, 빵가게 주인의 호의 때문이 아니라 그들이 그들 자신의 이익을 위해서 하는 수고 때문인 것이다. 우리는 그들의 인류애를 접하는 것이 아니라 그들의 자기애를 접하는 것이다. 우리가 그들에게 말하는 것은 우리들의 필요에 관한 것이 아니라 그들의 이익에 관해서이다.[2]

자유 경쟁은 하나의 시장에 여러 판매인이 존재하는 것으로 해석되는 한 정당한 가격의 출현에 기여한다. 한 판매인이 더 많은 이익을 얻으려는 욕심으로 너무 높은 가격을 책정한다 해

---

2) 애덤 스미스, 《국부의 성격과 원인에 관한 연구》(1776).

도, 유사한 상품에 대해 소비자들에게 더 매력적인 가격을 제시하는 좀더 합리적인 또 다른 판매인이 늘 존재할 것이다. 그러므로 탐욕스런 상인들은 파산을 하거나 가격을 낮추게 될 것이다. 바로 이것이 보이지 않는 손의 기적이다. 그리고 바로 이것이 개인의 이기주의와 전체의 이익을 서로 화해하게 만드는 것이다. 너무 이기주의적인 사람, 아니 좀더 정확히 말하자면 너무 어리석을 정도로 이기적인 사람은 시장에서 축출되어 사라진다. 지혜로운 이기심을 지니는 사람은 상반되는 이익들이 함께 만족을 얻게 되는 중간적인 위치에서 너무 멀리 떨어져 있지 않다.

● **자유주의 국가**는 시민 사회에 대한 책무를 이행하기 위해서 **세 가지 사명을 완수해야만 한다.**

— 군대의 유지를 통한 영토의 수호.

— 사회의 다른 구성원들에 의한 압제나 불의로부터 사회 전체 구성원들을 보호하는 정의로운 행정 통치.

— 민간 분야에서는 이루어질 수 없는 몇몇 경제 활동의 수행. 이런 경제 활동 분야는 충분한 이익을 창출하지는 않지만 사회 전체의 복지를 위해서는 반드시 필요한 분야이다.

이 마지막 사명은 자유 경제 체제에서 국가 개입의 한계가 어디까지인가에 관한 논쟁거리를 제공한다. 실제로 우리는 공권력이 시장의 불충분함을 보상하도록 유도할 수 있다. 그러므로 어떤 공공 서비스를 위해 필요한 재정을 세금으로 충당하는 것은 영국 고전주의 학파의 창시자 애덤 스미스에 의해서 그 정당성을 부여받는다. 교육의 경우가 바로 그런 예이다.

국가는 각 교구나 지역에 다음과 같은 성격의 작은 학교를 설립함으로써 이런 지식들의 습득을 용이하게 할 수 있다. 이 작은 학교에서는 아이들이 아주 저렴한 수업료, 평범한 노동자도 지불할 수 있을 만큼 아주 저렴한 수업료를 내고서 교육을 받을 수 있다. 그리고 이 학교의 교사들은 그들의 급료의 일부를 국가가 지불해 준다.[3]

공권력은 또한 자유 경쟁이 잘 이루어지는가를 늘 감시하면서, 즉 독점(판매자 1명이 다수의 구매자를 갖는 상황)이 나오는 것을 막으면서 **시장을 보호하는 역할**을 담당한다. 그렇지만 어떤 상황에서는 독점이란 존재가 용인될 수 있다. 큰 위험을 무릅쓰고 외국과의 무역 관계를 새로 맺으려고 하는 기업이나, 사회 전체가 혜택을 얻을 수 있는 제품 생산에 뛰어들어서 기술 혁신에 매진하는 생산 기업들이 그런 경우라고 할 수 있다. 그러나 이런 상황은 한시적으로만 지속되어야 하고, 보편적으로 적용되는 법칙은 시장 경제의 핵심 요소인 경쟁의 법칙이어야만 한다.

영속적인 독점 때문에 다른 모든 시민들은 아주 부당하게 두 가지 부담을 져야 한다. 첫째는, 자유 경제 체제였다면 훨씬 더

---

3) *Ibid.*

싼 가격에서 살 물건을 비싼 가격에 사야 한다는 것이다. 둘째는, 많은 사람들이 이익과 즐거움을 얻으며 종사할 수 있는 산업의 한 분야가 존재하지 않는다는 것이다.[4]

2. 풍요는 분업으로부터 나온다.

■ 분업은 기업, 국가 경제, 그리고 서로 무역을 하는 나라들에게 있어서 집단적 부의 원천이다.

● 분업은 기업의 생산과 생산성을 향상시킨다. 애덤 스미스는 핀 제작 공장에서 이루어지는 작업 분배라는 구체적인 예로부터 출발한다. 이 예는 1755년 출판된 디드로와 달랑베르의 《백과전서》 안에 있는 '핀' 항목에서 직접적으로 영향을 받은 것이다. 이 공장에서는 핀 제작 과정이 18개의 서로 다른 작업으로 나누어지고, 각 작업은 서로 다른 사람이 맡아서 한다. 생산 과정을 이런 식으로 나눈 결과는 설득력이 있는 것이었다. 왜냐하면 각 노동자가 독립적으로 일을 했다면 결코 이루어지지 않았을 만큼의 많은 생산이 이루어졌기 때문이다. 이처럼 분업은 노동의 효율성, 즉 생산성의 향상을 가져온다.

애덤 스미스는 다음 세 가지 방식으로 분업이 생산성 향상에 가져오는 긍정적인 효과를 설명한다.

---

4) *Ibid.*

— 분업은 각 노동자의 숙련도를 높인다. 왜냐하면 각 노동자는 하나의 임무에 전문성을 갖게 되기 때문이다. 그 일이 그 노동자에게는 '평생 직업'이 된다.

— 분업은 죽은 시간, 즉 하나의 행위에서 또 다른 행위로 이행하는 데에, 또는 하나의 공구에서 또 다른 공구로 바꾸는 데에 걸리는 시간을 없애 준다. 이처럼 생산 참여가 좀더 효과적으로 이루어짐으로써 귀중한 시간의 절약을 이룬다.

— 끝으로 분업은 새로운 생산 도구의 발명, 직업적 행위의 고통을 절감시켜 주면서 시간을 절약해 주는 새로운 기계의 발명에 이르게 한다. 구체적으로 새로운 생산 도구의 출현은 분업과 관련된 다음 2개의 원천에서 나온다.

— 각 노동자의 전문화는 각 노동자로 하여금 자신이 맡은 일을 더 잘 이해하도록 만들고, 그로 인해서 자신의 작업 수행에 필요한 더 좋은 기구를 고안할 수 있게 해준다.

— 새로운 장비 재화를 고안함으로써 생산 과정을 개선시키고자 하는 목적을 갖고 생산 과정을 관찰하는 '학자'나 '이론가' 부류가 출현한다.

그렇지만 애덤 스미스는 극단적인 분업이 지니는 위험을 잘 인식한다. 간단한 몇 개 행위의 단순한 반복은 노동자로 하여금 그들의 지적인 능력, 즉 인간적 능력을 발휘하는 것을 방해한다.

인간의 지적 능력은 대부분의 경우 일상적인 직업 활동을 통해서 형성되기 마련이다. 그러므로 그 결과가 항상 같거나 거의 같은 몇 개의 단순한 작업을 하면서 일생을 보내는 사람들은 자신의 지적 능력을 발전시킬 여지가 없다. 또 그들은 자신의 직업을 수행하면서 결코 어려움을 겪지 않기 때문에 어려움에 처했을 때 이를 해결하려고 자신의 상상력을 발휘할 여지를 갖지 못한다. 그들은 자연스레 자신의 능력을 행사하거나 발휘하는 습관을 잃어버린다. 그리고 대개 그들은 인간으로서 가능한 최대한도로 무식하고 바보가 된다.[5]

● 애덤 스미스는 분업의 원리를 사회체 전체로 확장한다.

분업이 한 기업의 전체 임금노동자 관리를 지배하는 논리로서 유효하다면, 그것은 국가 경제의 측면에서도 유익한 결과만을 낳게 된다. 각 개인은 자신의 능력에 따라, 일정한 훈련기간을 거친 후에 자신이 몸담을 하나의 직업으로 향한다. 그가 자신의 직업을 찾게 되면, 그는 자신의 활동의 산물을 팔 것이고, 이렇게 해서 얻어지는 이익은 그로 하여금 자신이 필요로 하지만 생산하지 않는 재화나 용역을 구입할 수 있게 해 줄 것이다. 특히 생산 주체들은 자신들의 주요 활동 외에 자신의 개인적인 소비를 만족시킬 목적으로 하는 다른 잡다한 일들에는 힘을 쏟지 말아야만 한다.

모든 신중한 가장이 주는 교훈은, 직접 만드는 것보다 사는 것이 더 싼 물건은 결코 집에서 만들려고 하지 말라는 것이다.

---

5) *Ibid.*

재단사는 자신의 신발을 만들려고 애쓰지 않는다. 그는 제화공에게서 그것을 산다. 제화공은 자신의 옷을 만들려고 노력하지 않는다. 그는 재단사로부터 자신의 옷을 산다. 농부는 이 두 제품 어느것도 스스로 만들려 하지 않는다. 그는 이 두 장인을 찾아가서 그것들을 만들게 주문한다. 이웃 사람들에 대해서 우위에 있는 노동 분야에만 집중하고, 그 노동으로 생산한 제품의 일부나 제품 일부를 판 돈으로 자신이 필요로 하는 나머지 물건을 구입하는 것이 모든 사람들에게 유익을 갖다 준다.

그렇지만 국부의 원천인 분업은 생산 주체들 사이의 교환이 제도화된 사회, 즉 시장을 갖고 있는 사회에서만 존재할 수 있다. 스미스에게 있어서, 교환을 하려는 경향성과 넓은 시장은 분업이 이루어지기 위해서 **반드시 필요한** 조건이다. 너무 제한된 규모의 시장은 각 개인으로 하여금 다양한 생산 활동을 하게끔 부추긴다. 하나의 생산 활동 안에서 전문화가 이루어지는 것은 바로 각 개인이 자신이 필요로 하지만 스스로 생산하지 않는 물건을 사기 위해서 자신의 노동 산물을 팔 수 있는 그 순간부터이다. 애덤 스미스가 보여 주는 것처럼 각 사람은 일종의 상품이 되고, 사회 그 자체도 원래 상업 사회이다.

● **전문회에 기초를 두고 있는 분업 원리는 국제 경제 관계에도 적용될 수 있다.**
애덤 스미스는 국가간의 교역이 갖는 이점을 처음으로 이론화한 사람이기 때문에 분업의 아버지라고 여겨진다. 그것이 바로 **절대 우위의 이론**이다. 각 나라는 그 나라가 다른 나라들에 비해 절대 우위를 지니는 재화, 즉 다른 나라보다 더 적은 비용으로 생산할 수 있는 재화의 생산을 전문화할 때 이익을 얻는다. 다른 나라보다 더 높은 비용으로 생산되는 재화는 단지 수입될 뿐이다. 수입에 필요한 돈은 수출을 통해 번 돈으로 해결하면 된다.

각 가정에서 행하는 행동 중에서 신중한 행동이라고 여겨지는 것이 거대한 제국 차원에서도 결코 미친 행동이 되지는 않는다. 외국이 우리보다 더 싼 가격으로 어떤 물건을 우리에게 공급할 수 있다면, 우리는 우리가 우위를 점하는 생산 활동을 통해서 생산된 제품 일부를 가지고서 그 물건을 사는 것이 낫다.

한 나라가 어떤 제품에 있어서 다른 나라에 대해서 갖는 자연적인 우위는 때때로 아주 커서 모든 사람이 이를 거스르는 생산 활동을 하는 것을 미친 짓이라고 생각한다. 유리로 된 따뜻한 온실을 만들어서 스코틀랜드에서도 아주 좋은 질의 포도를 생산할 수 있다. 그렇지만 이를 위해 소요되는 비용은 같은 질의 포도를 외국에서 수입하는 데에 드는 비용보다 30배는 더 들 것이다.[6]

---

6) *Ibid.*

3. 상품의 가치는 그 상품의 생산에 필요한 노동 시간에 의해서 결정된다.

■ 애덤 스미스는 가치의 근원에 대해 자문한다. 예를 들어 그는 노동 가격을 결정짓는 근원에 대해서 자문한다. 그리고 바로 이런 물음은 그로 하여금 분배 이론을 만들게 이끈다.

● 애덤 스미스는 사용 가치와 교환 가치 사이의 구분을 한다.

애덤 스미스 이전에는 재화의 가치가 특히 그 재화의 유용성에 의해서 정의되었다. 그렇지만 《국부론》의 저자는 '사용 가치'와 '교환 가치'를 구분하면서 이런 시각을 흔들어 놓는다. 하나의 재화가 지니는 사용 가치는 그 효용성과 관련이 있다. 그러나 그 재화의 교환 가치는 그것을 지닌 사람이 시장에서 다른 재화를 구입할 수 있는 능력에 기초한다. 실제로 동전이나 지폐의 형태를 띠는 화폐는 사용 가치는 전혀 없으나 그 대신 높은 교환 가치를 지닌다.

애덤 스미스는 물과 다이아몬드에 관한 그의 역설을 통해서, 사용 가치와 교환 가치 사이에는 반드시 어떤 관계가 있는 것은 아니라는 바를 강조한다.

물보다 더 유용한 것은 없다. 그러나 물을 갖고서는 거의 아무것도 살 수 없다. 물과 교환을 해서 얻을 수 있는 것은 거의 아무것도 없다. 반대로 다이아몬드는 거의 사용 가치가 없다.

그러나 그것은 종종 아주 많은 양의 다른 물건들과 교환될 수 있다.[7]

경제적 측면에서 발전되지 않은 사회에서는 한 제품의 교환 가치가 그 제품을 생산하는 데에 필요한 노동의 양에 의해서 기본적으로 결정된다. 애덤 스미스는 수렵 사회의 예를 든다. 수달 한 마리를 잡는 데에 걸리는 시간이 사슴 한 마리를 잡는 데 걸리는 시간보다 2배 더 많다면, 수달 한 마리는 사슴 두 마리와 교환될 것이다. 경제적으로 더 발전된 사회에서는 상황이 아주 달라질 것이다. 한 상품의 가격 또는 교환 가치는 그 상품에 투여된 노동에 의해서만 결정되지 않는다. 왜냐하면 토지, 1차 원료, 그리고 특히 자본과 같은 다른 생산 요소들이 다양한 상품을 생산하는 데에 투여되기 때문이다. 그러므로 상품의 가격은 임금의 수준, 자본가의 이윤, 그리고 토지 소유주에 대한 임차료에 의해서도 영향을 받는다.

● **소득은 세 가지 부류로 구분된다: 임금, 이윤, 부동산 소득.**
임금은 노동자와 그의 가족들이 그들의 생활 상태(음식, 주거, 의복)를 계속 유지할 수 있기 위해서 필요한 수입을 말한다. 임금은 노동의 성격과 기업가의 노동 수요에 의해서 결정된다.
다음 다섯 가지 특성이 임금 수준을 결정한다.

---

7) *Ibid.*

— 주어진 노동에 수반되는 즐거움이나 괴로움(어떤 일은 엄청난 고통을 전제로 한다. 그러므로 이런 일은 더 많은 보수가 주어지는 것이 합당하다).

— 그 일을 익히는 데에 필요로 하는 수련의 시간과 한 사람의 노동자를 수련시키는 데에 드는 비용.

— 노동의 지속 시간과 투여되는 노력의 강도.

— 노동자의 책임감과 기업가가 그에게 부여하는 신뢰.

— 끝으로 위험성, 즉 하나의 직업적 행위를 수행함에 있어서 성공하거나 실패할 확률.

임금은 또한 노동 공급(일자리를 찾는 노동자)과 노동 수요(인력을 필요로 하는 기업가)가 존재하는 노동 시장의 상황에 의해 크게 조건지어진다. 노동 공급이 노동 수요보다 우세하면, 임금은 '자연히' 내려간다. 반대로 노동 수요가 노동 공급보다 우세하면, 임금은 오른다.

그러므로 임금의 유연성은 규제의 도구가 된다. 그리고 이 규제의 대상에는 인구도 포함된다. 애덤 스미스는 '인간에 대한 수요'가 '인간의 생산'을 반드시 규제한다고 생각한다. 노동 수요는 일정하거나 줄어들었는데 노동 공급이 증가되면 임금은 내려가고 실업이 발생한다. 이 현상은 반드시 출산의 저하를 가져온다. 노동자에 대한 수요가 가용한 활동 인구를 초과할 경우에는 임금이 상승하고, 이는 출생률의 증가를 가져온다.

● **자본 이익**은 생산품 판매 가격 중에서 그 산업에 자본을 투여한 사람에게 돌아오는 부분이다. 노동자들이 노동을 통해

원자재에 부가하는 가치는 임금과 이익 두 부분으로 나뉜다. 이 둘의 배분은 늘 시사성 있는 문제이다. 왜냐하면 이는 한 회사 안에서 임금과 이익, 노동과 자본 사이에서 부가 가치를 어떻게 배분할 것이냐 하는 문제를 제기하기 때문이다.

● **지대**, 즉 토지 소유에 따른 수입은 산출물의 가치에서 임금 그리고 경작 자본(농기구와 농작 기계)의 사용이 창출하는 가치를 뺀 것이다. 애덤 스미스에게 있어서 토지 소유자는 진정한 독점의 이익을 누린다. 왜냐하면 토지량은 분명 한정되어 있고, 경작 수입을 얻기 위해서 그 토지를 빌리려고 하는 농부들은 늘 있기 때문이다.

사 후

오늘날의 자본주의 경제는 애덤 스미스가 부의 원천으로 만든 분업을 더욱더 심화시켰다. 기업 생산성에 분업이 미치는 긍정적인 효과는 테일러에 의해서 더욱더 증폭될 것이다. 그렇지만 마르크스와 노동사회학자들은 분업이 낳는 부정적인 결과를 고발할 것이다.

■ 분업은 미국의 엔지니어 프레더릭 윈슬로 테일러(1856-1915)에 의한 **노동의 과학적 조직화**를 통해서 현대적 형태를 취하면서 다시 나타난다. 이른바 테일러주의는 다음의 다섯

가지 특징을 지니고 있다.

— 개발 기능과 실행 기능 사이의 분업. 테일러의 계획은 생산의 여러 단계를 고안해 내도록 교육을 받은 기술자들과 실행자, 즉 그들에게 부과되는 의무 사항들을 준수해야만 하는 노동자들을 분리한다.

— 생산 과정의 과학적이고 합리적인 방식. 노동의 조직화는 즉흥적인 그 어떤 것 때문에 포기되어서는 안 된다. 과학적 성찰이, 예를 들어 인력 자원의 경영이란 관점에서 생산의 조직화를 주도해야 한다.

— 기업 안에서의 사회적 합일. 왜냐하면 한 기업 안에는 고용주와 노동자들의 이익이 서로 뒤섞여 있기 때문이다(기업의 영속성, 매출액의 증가). 테일러는 노동의 '정당한 가격'을 열렬히 신봉한다. 그는 노동자 착취와 저임금을 비난한다.

— 인센티브의 배분과 같은 경우처럼, 임금의 개인화는 기여도에 비례하여 생산노동자들에게 임금이 돌아가도록 해야만 한다.

— 무엇보다도 먼저 추구되는 것은 생산주의이다. 생산에 필요한 행위 전체를 규격화하는 것이 합당하다. 이는 생산을 하는 단 하나의 좋은 방식(the one best way)이 있다는 것을 의미한다.

애덤 스미스를 본받아서 테일러는 죽은 시간, 그리고 생산성 목표 달성을 방해하는 노동자들의 태만을 없애고자 한다.

■ **마르크스 학파**는 애덤 스미스에게서 영향을 받은 작업의

전문화를 비난한다. 마르크스 학파에게는 작업의 전문화가 노동에 대한 자본의 지배 도구들 중 하나처럼 비친다. 마르크스는 애덤 스미스의 낙관적 시각(본서 15쪽 참조)에 반대한다. 분업은 노동 행위 그 자체 안에서 소외를 낳는다. 자본주의적 생산에서, 노동자는 그 자신의 노동에 대한 지배권을 잃는다. 노동자는 마르크스의 표현에 의하면 '철강 기계류 속에 있는 살로 만들어진 부속물'이 된다.

미국의 사회학자 스티븐 마글린 같은 저자에게 있어서는 분업이 노동자의 전문화를 야기하고, 이는 결국 기업가의 권력을 증가시킨다. 생산 활동을 세밀한 부분으로까지 분업화하는 것은 노동력의 질적 저하를 가져오기 때문에 세 부류의 효과를 낳는다.

— 노동자들은 고용과 해고에 있어서 기업가에 종속된다. 왜냐하면 기계에 대한 의존과 작업의 분자화는 인간의 상호 교환성을 야기하기 때문이다.

— 수많은 노동 직종의 질적 저하, 생산 활동의 진부화는 임금의 저하, 그러므로 이윤의 증가를 가져온다.

— 기업의 방향은 기업가가 지배를 한다. 왜냐하면 임금노동자는 생산 업무의 파편화로 인해서 생산 과정에 대한 전체적인 안목을 갖고 있지 않기 때문이다.

■ 극단적인 분업은 **노동 조건의 저하**를 낳는다. 애덤 스미스가 이미 예견한 것처럼 너무 심한 작업의 분화는 인간 자신에게 부작용을 낳을 수 있다. 알렉시 드 토크빌에게 있어서,

동일한 동작의 무한한 반복은 결과적으로 자유를 박탈당한 노동자들의 우둔화를 가져온다. 분업에 대한 그의 논문에서, 에밀 뒤르켕은 인간성의 저급화(본서 130쪽 참조)를 고발한다. 좀 더 최근에는 프랑스의 사회학자 조르주 프리드만이 그의 저서 《산산조각난 노동》(1964)에서 테일러주의에 입각한 체제에 종속된 노동자들이 입고 있는 생리적·심리적 피해를 보여 주었다. 자신의 노동이 맺은 과실 안에서 스스로를 발견할 수 없음은 승진 기회의 박탈과 더불어 산업 노동에 관한 동기 상실을 낳는다.

II. 데이비드 리카도
자유 무역의 이론가

데이비드 리카도는 1772년 런던에서 태어나 14세 때부터 아버지가 중개업자로 근무하는 런던 증권거래소에서 일하였으나, 1793년 가족들과 결별하고 자립을 한다. 운 좋게 주식 투자에 성공하여 거액을 번 후 사업에서 은퇴를 한 27세의 리카도는, 애덤 스미스와 장 바티스트 세의 저서들을 통해 뒤늦게 정치경제학을 발견한다. 1819년 하원의원으로 선출되었으며, 1823년에 그 생을 마쳤다.

데이비드 리카도는 영국 고전주의 학파의 대표적인 이론가로 여겨진다. 애덤 스미스의 업적에 기초하여 그는 노동 가치 이론을 다시 세우고, 임대 소득·이윤·임금의 구분에 관한 독창적인 성찰을 제시한다. 자유 무역의 옹호자인 그는 대륙으로부터 유입되는 낮은 가격의 곡물 수입을 가로막는 영국의 보호주의 법인 옥수수 법(corn laws)에 반대의 입장을 표명한다. 그는 국제 무역을 최초로 이론화한 사람이다.

[주요 저서]

《정치경제학 및 과세의 원리》(1817)

1. 리카도는 애덤 스미스의 전통을 변형시키면서 동시에 그것을 계승한다.

■ 리카도는 노동 가치에 관한 이론 속에 기술 자본의 사용을 포함시키면서 그 이론을 재구성한다. 인간의 노동이 생산요소들 중 첫번째 요소이고, 그것이 없으면 아무것도 가능한 것이 없는 그런 요소이지만, 생산재의 사용 역시 고려 속에 넣는 것이 합당하다. 왜냐하면 이것 또한 시장에 내놓는 재화가 지니는 가치 중 일부분의 근원이 되기 때문이다. 이것이 바로 리카도가 **통합 노동**이라고 부르는 것이다. **통합 노동**이란 제품을 생산하기 위해서 필요한 **직접 노동**(노동자의 숙련성)과 노동자가 사용하는 기계, 기구, 용구 속에 담겨 있는 **간접 노동**을 합친 것이다. 가치의 근원에 대한 탐색을 위해서는 이 두 차원의 생산적 행위를 함께 고려해야 한다. 자신의 생각을 잘 이해시키기 위해서, 그는 애덤 스미스가 제시한 수달과 사슴의 예(본서 21쪽 참조)를 다시 사용한다.

상품의 가치는 그 상품을 생산하는 데에 직접적으로 투여된 노동에 의해서뿐만 아니라 그 상품을 생산하는 데에 사용되는 도구, 기계, 건물에 투여된 노동에 의해서도 달라진다(…). 수달을 죽이는 데에 사용되는 무기는 사슴을 죽이는 데에 사용되는 무기보다 생산을 하기 위해서 훨씬 더 많은 노동을 필요로 한다고 가정하자(…), 아마도 수달 한 마리는 사슴 두 마리보다 더 큰 가치를 지닐 것이다. 그것은 바로 모든 것을 고려할 때, 수달을 죽이는 데에 더 많은 노동이 필요하기 때문이다.[8]

리카도는 그 수는 많지 않지만 그것의 가치가 생산에 필요한 노동량과 관련이 없는 재화들의 범주가 존재한다고 본다. 그것들의 가치는 그것들이 지닌 희귀성에 기초한다. 예술 작품(그림, 조각, 고서)이 그런 경우인데, 이것들의 가격은 일부 개인들이 그것들을 구입하려는 경향성에 의해 결정된다. 리카도는 이런 범주의 재화를 **비재생산성 재화**라고 부르고, 그 가치가 노동과 자본에 대한 의존에 지배되는 제조업에서 생산된 재화를 **재생산성 재화**라고 부른다.

■ 리카도는 또한 두 종류의 가격을 구분한다: **자연 가격과 현재 가격**. 가격은 시장에서 결정되는 재화의 가치이다. 가격은 재화를 주는 대신에 받을 수 있는 화폐량을 나타낸다.
— **자연 가격**은 임금, 1차 재료의 구매 비용, 자본 사용 비용 등을 포함한 생산 비용(노동 비용이 포함된)을 말한다.
— **현재 가격**은 시장에서 수요와 공급의 작용에 의해서 결정된다.
중기적으로, 리카도는 자연 가격과 현재 가격이 서로 같아

---

8) 데이비드 리카도, 《정치경제학 및 과세의 원리》(1817).

지는 경향이 있다고 본다.

2. 리카도는 수입(예를 들어 임금)의 분배 구조를 전 체적인 경제 활동에 연결시킨다.

■ 임금-이익의 배분은 경제적 역동성의 중심에 위치한다.

노동의 가치는 다른 모든 상품처럼 그것을 얻기 위해서 필요한 생산 비용과 비례한다. 그러므로 노동의 자연 가격은 노동자로 하여금 그의 노동력을 재생산하게 해주고, 그의 가족을 부양하게 해주는 생계 비용에 의해 결정된다. 이것이 바로 그 유명한 '생계임금'이다. 노동의 현재 가격은 노동 시장의 상태에 따라 변한다. 노동 공급이 노동 수요보다 더 많을 때는 임금이 하락한다. 노동 수요가 노동 공급보다 더 우월할 때는 반대의 경우가 발생한다. 즉 이런 경우에는 임금이 오르는 경향이 있다.

이 점에서 리카도는 애덤 스미스나 맬서스와 일치한다. 임금률은 인구 증가의 결과로 나온다. 노동 인구가 증가 추세에 있을 때, 기업가는 그들의 임금을 줄이기 위해서 노동자들간의 경쟁을 부추긴다. 바로 이런 이유로 리카도는 맬서스처럼 '빈민법'에 대해서 반대한다. 그는 이런 법은 경제적으로 어려운 시기에 경제적 균형에 해를 끼치면서 대량의 노동 인력을 제공하는 추가적인 출산을 야기한다고 보았다.

■ 생계비의 상승은 임금의 상승을 야기하고, 이는 경제 침체를 이끌 수 있는 이익의 추락을 야기한다. 생계비의 앙등, 기본적으로 밀가루 가격의 인상은 농업에 있어서의 생산성 감소와 인구 증가에 의해서 야기된다. 리카도는 여기에서 맬서스의 비관적 시각에 영향을 받는다. 농업 생산이 수요를 만족시킬 수 없는 상황인데 음식을 먹어야 하는 사람은 증가한다. 노동의 자연 가격은 생계비에 기초하기 때문에 임금이 오른다. 그런데 리카도에게 있어서, 기업가의 이윤은 바로 상품의 가격에서 임금 등의 제 비용을 뺀 나머지 부분인 것이다.

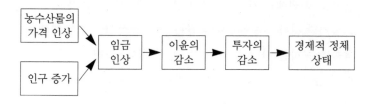

임금의 증가는 그러므로 투자 자본을 형성하는 이윤의 감소를 낳는다. 경제 체계의 이런 상태는 성장의 중단에 해당하는 '정체 상태'로 이어진다. 마르크스는 나중에 이 분석으로부터 이윤율의 경향적 감소 이론을 도출하게 된다.

3. 리카도는 국제 무역의 자유주의 이론을 만든다.

■ 무역의 이점은 국가들간의 비교 우위에서 나온다.

● **국제 무역에 대한 의존은 이윤율의 저하를 막는다.** 리카도는 영국이 정체 상태를 맞지 않게 하도록 애쓴다. 영국의 곡물 가격이 너무 올라가면 더 싼 외국의 밀을 수입하는 것이 필요할 것이다. 곡물과 같이 생존을 위해 1차적으로 필요한 제품 가격을 내리면 임금의 하락이 나타나고, 이는 결국 이윤의 증대를 낳는다. 영국의 밀 수입을 저해하는 관세를 더 줄이거나, 아예 폐지할 필요가 있는가? 실제로 토지 소유자들은 토지 임대료를 높여서 그들의 수입을 극대화할 목적으로 밀에 높은 보호 관세를 책정하도록 정부에 압력을 행사했다. 그리고 실제로 높은 보호 관세는 외국으로부터 밀이 수입되는 것을 방해했다. 그렇지만 리카도는 임대료를 받는 토지 소유자에 반대해서 이윤을 추구하는 산업기업가들 편에 서 있다. 그래서 그는 밀에 대해 높은 보호 관세를 매기는 법률인 옥수수 법(corn laws)의 폐지를 주장한다.

영국 경제가 대외 무역을 필요로 하는 것으로 여겨진다면 다른 나라의 경우도 이와 마찬가지가 아닌가?

● **국제 무역은 무역에 참여하는 모든 나라들에게 유익하다.** 국제 무역에 관한 리카도의 이론은, 애덤 스미스가 보이지 않는 손이란 비유 안에서 내세운 동일한 원칙들에 의해서 정당화된다. 애덤 스미스가 보이지 않는 손으로 인해 각 개인이 자신의 이익을 추구하면서도 전체 집단의 이익에 기여하게 된다고 한 것과 동일하게, 리카도는 국제 무역을 통해서 각 나라는 국익을 추구하면서 국제 경제 공동체의 이익에 기여한다고 말

한다.

그러므로 자유 무역은 모든 사람의 이익을 위해서 반드시 실현시켜야 할 프로그램처럼 여겨진다. 그러니 '자유 방임'을 실현시킨 뒤에는 자유 통과를 실현시킬 필요가 있다.

교역이 완전히 자유로운 체계에서는 각 나라가 자국에 유익한 것처럼 보이는 어떤 분야에 자본과 산업을 모두 투여한다. 개인적 이익의 관점들은 전체 사회의 보편적 이익과 완벽하게 합치한다. 동시에 총생산량의 증가는 여러 곳에 풍요를 가져온다. 교역은 전세계 모든 문명화된 나라들을 이익이라는 공동의 끈으로, 그리고 우정의 관계로 서로 연결시키고 전세계를 하나의 커다란 사회로 만든다.[9]

● 리카도는 비교 우위의 법칙을 만든다.

● 리카도는 비교 우위의 법칙을 만든다. 국제 무역에 대한 애덤 스미스의 시각(본서 18쪽 참조)과는 다르게, 리카도는 이제 더 이상 절대 우위의 차원에서 국제 무역을 논하지 않고 비교 우위의 차원에서 논한다. 한 나라가 어떤 수출 제품의 생산에 있어서 지배적 우위를 점할 수 있다면, 다른 제품들은 외국에서 수입할 수 있다. 그리고 이는 다른 제품을 생산하는 데에 드는 비용이 그 제품의 수입가보다 더 싸다 하더라도 여전히

---

9) *Ibid.*

마찬가지일 수 있다. 19세기초 영국의 경제적 그리고 상업적 현실에 대한 관찰이 리카도 이론의 출발이었다. 리카도는 영국의 산업화가 수많은 제조품에 대한 '비교 우위'를 보장해 준다면, 설혹 수입가가 생산가보다 더 비싸다 하더라도 밀을 수입하는 것이 더 낫지 않을까라고 자문했다.

신발과 모자를 둘 다 생산할 수 있는 두 노동자가 있다고 가정하자. 두 사람 중 한 사람은 이 두 물건을 생산하는 데에 있어서 나머지 한 사람보다 더 뛰어나다. 그렇지만 그는 모자를 만들 때 나머지 사람보다 20퍼센트 정도 더 우월하고, 신발을 만들 때는 나머지 사람보다 33퍼센트 정도 더 우월하다. 이럴 경우 그는 신발만 만들고 나머지 사람은 모자를 만드는 것이 이 두 사람 모두에게 최대의 이익이 돌아가게 하지 않겠는가?[10]

저서 《정치경제학 및 과세의 원리》 제7장에서 전개되는 리카도의 논의는, 경제학 문헌에 나오는 국제 무역에 관한 가장 유명한 가상의 예인 영국산 침대 시트와 포르투갈산 포도주의 교역에 관한 예에 기초하고 있다.
— 영국에서는 침대 시트를 만드는 데에 1년간 1백 명 노동자의 노동이 요구된다. 포도주의 생산은 같은 기간 동안 노동자 1백20명의 노동이 요구된다.
— 포르투갈에서는 포도주를 생산하는 데에 80명 노동자의

---

10) *Ibid.*

노동이 요구되고, 침대 시트 생산에는 90명의 노동자가 필요하다.

　노동 비용의 측면에서, 포르투갈은 침대 시트와 포도주라는 두 생산품을 모두 영국보다 더 경제적으로 생산할 수 있다. 그렇지만 포르투갈이 포도주만 전문적으로 생산을 하면, 포도주 생산에 투여될 수 있는 자본 일부를 섬유 산업 분야로 돌리면서 시트를 생산하는 양보다 더 많은 양의 시트를 구매할 수 있다. 각 나라는 그 나라가 가장 뛰어난 분야의 생산을 선택한다. 그리고 수출을 통해서 얻어진 금액은 수입에 필요한 비용을 충당해 준다. 이처럼 두 나라의 이익은 전문화에 기반을 두고 있다: 영국은 침대 시트, 포르투갈은 포도주. 이렇게 해서 애덤 스미스가 이미 예견한 노동의 국제적 분업이 나타난다.

	영 국	포르투갈
포도주(X병)	120시간	80시간
침대 시트(X미터)	100시간	90시간

● 비교 우위는 어떻게 설명될 수 있는가? 리카도는 국제적 전문화의 틀에서 비교적 빠르게 비교 우위의 근원을 찾아낸다. 그렇지만 그는 우위에는 자연적 우위(지리적 조건, 기후, 토지의 비옥도)와 인공적 우위(노동자들의 높은 지적 수준이나 생산 장비, 즉 자본의 우위)가 있다는 것을 아울러 지적한다.

　리카도에게 있어서 이 다양한 우위들은 하나의 국가 경제에 결부되어 있다. 실제로 비교 우위 이론은 생산 요소들이 국가 차원에서는 유동성을 지니지만, 국제적 차원에서는 유동성을 지니지 않는다는 전제에서 출발하고 있다. 국제적 차원에서 생산 요소들의 비유동성을 보충해 주는 것이 바로 생산품들의 유동성이다. 이 공리는 분명 상대화되어야만 한다. 왜냐하면 19세기초 당시에는 생산의 핵심을 이루는 것이 농업이었고, 기계와 마찬가지로 인간도 전체적으로 사용 가능한 공간 영역이 아직 바뀌지 않았기 때문이다.

사 후

리카도는 국제 무역에 관한 자유주의 이론의 창시자이다. 바로 그런 이유로 그는 수많은 비판을 받는다.

보호주의의 흐름, 케인스 그리고 마르크스주의 학파는 국가 간의 교역이 갖는 이점을 상대화했다.

■ **보호주의의 신봉자들**에 의하면, 비교 우위 이론은 국제 무역의 사실 검증에 의해서 부정되는 공리에 기초하고 있다. 리카도의 논리는 생산품의 유동성에 의해서 생산 요소(천연자원, 노동, 자본)들의 비유동성이 보상된다는 가설을 포함한 아주 이론적인 여러 가설들에 기초하고 있다. 현대 경제의 대부분의 국면에서 우리는 국제적 차원에서 자본의 유동성(기술 이전)과 인력의 유동성(직업 이민)을 쉽게 목격할 수 있다. 산업으로의 자유 진입이나 산출액이 일정한 생산에 관한 그의 다른

가설들도 바로 이런 사실들에 의해서 그 신빙성이 약화된다. 대규모 생산이 원가 비용을 낮춘다는 것은 분명하다. 그리고 커다란 외부 판로를 갖고 있는 나라들이 세계 시장에 매력적인 가격으로 그들의 수출품을 내놓는다는 것은 분명하다. 그렇지만 경험적 사실들은 리카도 분석이 지니는 보편적 가치를 약화시킨다.

■ 프리드리히 리스트는 '육성보호주의(protectionnisme éducateur)'의 시조이다. 독일의 경제학자 리스트(1789-1846)는 국제적 전문화의 위험과 자유 무역의 한계를 최초로 지적한 사람들 중 하나이다. 《정치경제학의 국민적 체계》라는 제목의 저서에서, 리스트는 리카도 이론의 과학성과 무역 분야에 있어서 영국의 독재를 문제삼는다.

프리드리히 리스트는 한 나라의 경제 발전이 성년의 나이에 이르기까지는 그 성숙을 늦추게 할 수 있는 외부적 요인들로부터 보호받아야만 한다면서 한 나라의 경제 발전을 한 개인의 발전에 비유한다. 리스트에 의하면, 모든 나라의 경제 발전은 다음의 연속적인 다섯 단계를 거친다.

— 원시 상태;
— 전원 상태;
— 농경 상태;
— 산업의 출현으로 특징지어지는 농경-산업 상태;
— 국가 경제 체제의 성숙을 나타내는 농경-산업-상업 상

태.

리스트에 의하면, 네번째 단계인 농경-산업 상태에서는 국가가 그 나라의 경제를 성숙 단계로 갈 수 있게 하기 위해서 그 나라의 모든 새로운 산업 분야들을 외국의 경쟁으로부터 보호해야만 한다. 국제적 전문화의 틀 속에 너무 빨리 들어가는 것, 즉 기술 발전의 관점에서 더 앞선 나라와 경쟁을 벌이는 것은 그 나라의 경제 발전을 저해할 위험이 있다. 그 나라가 마지막 단계, 즉 농경-산업-상업 상태에 이르기까지는 관세보호주의가 필요한 것으로 드러난다.[11]

리스트의 '육성보호주의'는 국제 무역에 있어서 '국가들은 평등하다'는 리카도의 생각에 문제 제기를 하면서, 리카도가 주장하는 자유 무역에 반대한다. 과학적 그리고 기술적인 이중적 관점으로부터의 차이는 고전주의 학파가 잊은 '지배 효과'를 유발하는 불평등을 낳는다. 개발도상국의 경우에는 국제 무역에 있어서 자신들이 수출할 품목을 늘 일관성 있게 동일하게 선택하는 것이 과연 바람직한가를 평가할 필요가 있을 것이다. 개발도상국들이 노동의 국제적 분업 속에 너무 일찍 들어가면, 이는 그들 나라의 산업화 과정을 무효화하고 이 나라들의 발전을 선진 국가들을 위한 하청의 기능으로 제한시킬 위험이 있지 않는가라는 의문이 제기되기 때문이다.

---

11) 여기서 강조해야 할 것은 한 나라의 국가 경제가 마지막 단계에 이르는 경우에 대해서는 리스트가 다시 자유무역주의자가 된다는 것이다.

■ **케인스 경제학**은 자유 무역이 경제 위기나 저고용 상태에서는 그 효용성이 없다고 판단한다. 《화폐론》(1930)에서 케인스는 한 국가의 고용을 지키고 발전시키기 위해서 적절한 관세를 적용할 것을 권유한다. 관세는 보호의 기능 외에, 국내 산업 발전(경제 활동의 진흥)을 위한 재원으로 사용될 수 있다.

최근 신케인스주의 경제학자 니콜라스 캘더는 제3세계 국가들의 신흥 산업에 의해서 위협받는 선진 국가들의 전통 산업들이 재도약하는 것을 돕기 위해서 한시적으로 보호주의 전략을 채택할 것을 구상했다.

■ **마르크스주의 경제학**은 '불평등한 교역'이란 개념을 발전시키는 데에 기여했다. 마르크스주의 경제학에서는 자유 무역이 중심 국가(선진국)에 의한 주변 국가(개발도상국)에 대한 지배 양식의 하나로 파악된다. 리카도의 노동 가치설을 이용하여, 마르크스는 노동 생산성이 서로 같지 않은 국가들 사이의 무역은 필연적으로 착취의 관계를 낳는다는 것을 보인다. 자본 축적의 관점에서 가장 앞선 나라들은 뒤진 나라들로부터의 수입에 의해서, 더 많은 노동을 필요로 하는 생산품들을 얻는다. 반면에 그들의 수출품들은 더 적은 노동을 필요로 하는 생산품들이다. 수입품과 수출품에 필요한 노동량의 측면에서 보면 교역의 조건은 생산력이 덜 발달된 나라에 불리하게 작용한다.

동일한 주장이 최근 그리스의 경제학자 **아기리 엠마누엘**에 의해서도 제기되었다. 다른 점이 있다면, 그는 노동 시간 대신에 부국과 빈국 사이의 임금 비용의 차이를 고려의 대상으로 삼았다는 것이다. 노동 시간이 같을 경우, 임금이 더 비싼 나라(선진국)의 생산품은 임금이 싼 나라에서 생산된 제품보다 국제 시장에서 그 가격이 더 비쌀 것이다. 그러므로 중심 국가의 기업과 소비자는 주변 국가와의 교역으로 이익을 얻을 것이다. 그는 이렇게 해서 서방 산업 국가들에 의한 빈곤 국가들에 대한 착취가 영속화된다고 주장한다.

III. 토머스 로버트 맬서스
인구 과잉의 이론가

토머스 로버트 맬서스는 1766년 영국 서리 주의 루커리에서 태어나 케임브리지대학교에서 수학과 문학을 공부한 후, 1789년 성직자가 된다. 그 자신의 직무를 수행하면서 당시의 현실——영국 경제의 산업화 과정 속에 내맡겨진 노동자 계층의 상황——과 격렬하게 부딪혔던 그의 시대 불행에 대한 분석은 이후 정치경제학으로 그를 인도한다. 1805년 헤일리버리의 동인도회사가 운영하는 대학의 정치경제학과 역사학 교수가 되었으며, 1834년 그 생을 마쳤다.

애덤 스미스·리카도와 함께 맬서스는 영국의 고전주의 학파를 대표하는 인물이다. 계몽주의 정신에 영향을 받았고, 사회 발전을 신봉하는 맬서스는 우선 빈민 계층을 위한 소득 재분배를 주장한다. 일상적인 빈곤의 광경, 그리고 빈곤의 확대가 그로 하여금 자신의 윤리적 자세를 다시 보게 만들고, 자신의 생각을 더 많이 경제적 실용주의의 방향으로 몰고 간다. 그러나 맬서스에게는 경제사상사 학자들이 그에게 너무 쉽게 부여했던 '비관주의자'라는 수식이 그리 온당하지 않다. 자본가 계층의 지나친 저축을 문제시하고, 공공 시설의 공익성을 강조한 맬서스는 최초의 수요 이론가로 여겨질 수 있다. 그런 점에서 그는 케인스주의를 예비했다고 할 수 있다.

[주요 저서]
《인구론》(1798년에 나온 초판은 익명으로 출판되었고, 1803년의 2판에는 맬서스의 이름이 나온다)
《경제학 원리》(1820)
《가치의 측정》(1823)
《경제학의 제 정의》(1827)

1798년 맬서스는 그의 유명한 저서 《인구론》의 초판을 익명으로 출간한다.

1. 식량은 산술급수적으로 증가하고, 인구는 기하급수적으로 증가한다.

■ 맬서스는 농업 생산의 변화 가능성과 인구 증가 사이에 관계를 설정한다.
― 농업 생산은 양적 측면(유효 농지)과 경작 방식의 측면(질적 측면)에서 고려되는 토지 이용에 의해서 결정된다. 양적 측면에서 볼 때, 경작지는 한 국가의 지리적 상황에 의해서 제한을 받는다. 즉 경작지는 무한정 늘릴 수 없다. 일단 모든 토지

가 개발되면, 자연히 식량 자원의 생산에 있어서 수축이 일어난다. 좀더 전문적인 측면에서, 맬서스는 프랑스의 경제학자이자 정치인인 튀르고(1727-1781)가 만든 **수확 체감의 법칙**에 기초한다. 황무지에 행한 파종은 아무런 결과도 맺지 못한다. 첫번째 경작은 그것에 합당한 수확을 얻게 해준다. 두번째 경작에서는 산출량이 증가하고, 세번째 경작도 마찬가지로 산출량이 증가한다. 그러므로 우리는 어느 시점까지는 산출량이 계속 증가하는 것을 볼 수 있다. 그러나 어느 시점에 다다르면 농부가 아무리 열심히 경작을 해도 지력이 쇠하여서 산출량이 줄어들게 된다. 바로 이 시점이 산출량 감소의 시점이다.

이처럼 맬서스는 농업 생산으로 산출되는 식량 자원이 산술급수적(1, 2, 3, 4, 5……의 방식)으로만 증가한다고 여긴다.

— 반면에 인구 증가는 농업 생산 증가보다는 훨씬 더 빠른 속도로 이루어진다. 인구는 기하급수적(1, 2, 4, 8, 16……의 방식)으로 증가한다.

어떤 방해도 받지 않고 인구가 증가하면, 인구는 매 25년마다 배가 되고 기하급수적으로 증가한다. (…) 그러므로 우리는 거주가 가능한 토지의 현재 상태에서 출발하여 생산에 가장 유리한 상황에서도 생계 수단인 식량 생산은 산술급수적 증가로 결과되는 속도보다 더 빠른 속도로는 결코 증가할 수 없다는 것을 인정해야 하는 상태에 있다.[12]

---

12) 토머스 로버트 맬서스, 《인구론》(1798).

그러므로 맬서스에 의하면 인구 폭발은 가용한 식량의 문제에 부딪힌다. 그리고 이는 기근과 가난의 범람을 낳고, 결국은 사회 질서의 붕괴로 끝을 맺게 된다.

■ **인구 증가를 방해**하고 생존 차원에서 인구의 비중을 조정하는 **두 종류의 요인이 있다**: '파괴적 방해물'과 '예방적 방해물.' 두 방해물 중 첫번째 것, 파괴적 방해물은 기근·전염병·전쟁과 같이 인간들을 공격하는 불행들의 결과이다. 덜 고통스런 방해물인 예방적 방해물을 맬서스는 **도덕적 제약**이란 용어로 지칭한다. 그는 이 용어로 만혼이나 정조를 의미한다. 왜냐하면 그는 산아 제한은 신의 섭리와 자연을 거스르는 것으로 바람직하지 않다고 여기기 때문이다. 그러나 이 도덕적 제약은 모든 사람에게 동일한 방식으로 적용되지는 않는다. 이 제약은 소득 수준과 반비례 관계를 맺으며 작용한다. 충분한 경제적 자원을 지니고 있는 사람들은 결혼을 하고 아이를 낳을 수 있을 것이다. 그러나 겨우 굶어죽지 않을 정도의 경제력을 갖고 있는 사람들은 그들이 한 가정을 부양할 능력을 갖게 될 때까지는 반드시 자신의 정조를 의무처럼 지켜야만 할 것이다. 바로 이것이 경제적 합리성과 윤리적 의무의 중간 정도에 위치하는 맬서스의 도덕이다.

1798년에 나온 《인구론》 초판은 그 논조가 근본적으로 비관주의적이지만, 그 내용이 좀더 복잡하고 섬세하게 쓰인 1803년의 2판은 '인구 과잉'에 대한 몇 가지 해결책을 제시한다. 교육과 국민들의 저축은 가난한 가정들로 하여금 아이를 적게

낳도록 유도할 수 있다. 또 자유 교역의 채택에 의해서 가능해지는 밀의 수입은 국내 생산의 부족분을 보충할 수 있다.

2. 가난한 사람들을 돕지 않는 것이 합당하다.

현실주의자인(혹은 무정한?) 맬서스는 빈민 계층에 대한 지원 정책을 비판한다. 실제로 영국은 각 교구 차원에서 조직된 사회 부조 체계를 갖고 있었다. 이것이 바로 그 유명한 **빈민법**(poor laws)이다. 맬서스는 빈민법에 의한 부의 재분배 체제를 비난했다. 왜냐하면, 그에 의하면 이것은 빈곤을 더욱더 심화시키는 결과를 낳기 때문이었다. 여기서 바로 그의 유명한 **자연의 대연회(大宴會)**라는 비유가 나온다.

이미 만원인 세상 속에 태어난 사람이 만약 그의 부모로부터 생계 지원을 받지 않는다면, 그리고 사회가 그의 노동을 필요로 하지 않는다면, 그는 최소한의 양식을 요구할 권리도 없다. 그는 필요없는 잉여의 사람이다. 자연의 대연회에는 그를 위한 자리가 없다. 자연은 그에게 사라지라고 명령하고, 그가 연회에 참석한 사람들의 동정을 사지 않는다면 자연은 신속하게 그를 처형하라고 명령을 내린다.[13]

---

13) *Ibid.*

맬서스는 역효과 때문에 가난한 사람들을 돕는 것에 반대한다.

— 가난한 사람들을 위한 법은 결코 빈곤을 없애지 못했다. 이는 오히려 빈곤을 더 증가시키는 경향이 있다.

— 부의 창출이란 관점에서 반대급부 없이 이전 소득을 분배하는 것은 가격 상승을 야기한다. 그러므로 소위 말하는 수요에 의한 인플레이션이 생긴다.

— 빈곤층에 대한 금전적 보조는 맬서스가 배척하는 인구 증가를 낳을 수 있다. 왜냐하면 이는 식량 증산으로 이어질 수 없기 때문이다. 게다가 이런 인구 증가는 노동 공급을 증가시키고, 이는 그만큼 기업가들의 수요에 의해서 흡수되지 않는다면 결과적으로 실업과 빈곤을 낳게 된다.

— 끝으로, 사회적 보조를 받는 사람들에게 금전을 양도하는 것은 노동 수입에 대한 세금 징수와 경제적으로 가장 역동적인 부류의 사람들에 의한 부의 창출에 기초한다. 그런 부류에 속한 사람들이 이런 식으로 '부당하게' 자신들의 자산을 강탈당한다면, 그들은 생산을 늘리고자 하는 동기가 줄어들 것이고, 이에 따른 비용은 결국 사회 전체가 부담하게 될 것이다.

사 후

맬서스는 특히 다음 세 가지 점에서 비판을 받는다. 우선 맬서스가 농업에 있어서 기술 발전이 가능하다는 사실을 간과했다는 것은, 그의 이론의 적용 범위를 크게 축소시킨다. 인구 추이에 대한 그의 분석도 마찬가지이다. 마지막으로 인구의 증가가 경제 발전에 유리하게 작용할 수 있다는 점을 그는 간과하였다.

■ 맬서스는 **농업에 있어서 기술 발전이 지니는 역할**을 과소평가한다. 역사가들이 '농업 혁명'(휴경지의 폐지, 새로운 종류의 작물 재배, 농업 기술의 개선 등)이란 이름으로 설명하는 수많은 변화를 통해서, 서구 농업은 수확률의 증가와 노동 생산성의 놀라운 증가를 경험했다. 그래서 오늘 프랑스의 농부 한 사람은 약 70명을 먹일 수 있는 식량을 생산한다. 참고로 맬서스 시대에는 농부 한 사람은 고작 4명을 먹일 수 있는 식량을 생산했다.

게다가 국제 무역의 발전은 수입을 통해서 부족한 농산물을 보충할 수 있게 한다. 그러므로 각 나라는 자국에 유익을 가져다주는 재화를 생산하고, 이를 수출하면 되는 것이다. 그리고 수출을 통해 얻은 재원으로 농산물을 수입하면 되는 것이다. 맬서스의 시각과는 반대로 농업은 인구 증가의 방해물이 아니다.

■ 인구에 관해 맬서스가 제시한 원리는 **실제 인구 추이**에 의해서 그 가치가 약화된다. 프랑스 경제학자 아돌프 랑드리(1874-1956)의 표현에 의하면, 인구 추이는 전통적 인구 체계에서 현대적 인구 체계로의 이행을 가리킨다.

— 전통적인 인구 체계는 자연 출산 능력이 만들어 내는 높

은 출생률(출산을 가로막는 어떤 장애물도 없다)로 특징지어진다. 사망률, 특히 영아 사망률은 아주 높다. 그래서 인구 증가율은 상대적으로 낮다.

— 인구 추이의 첫번째 단계는 향상된 영양 공급에 기인한 사망률의 감소로 특징지어진다. 동시에 출산율은 여전히 높은 수준을 유지한다. 그러므로 이 단계는 높은 인구 증가율을 보인다.

— 인구 추이의 두번째 단계는 사망률의 감소뿐만 아니라 출산율의 감소로 특징지어진다. 이 단계에서는 표상 체계의 변화(여자의 지위나 어린이의 역할에 있어서의 변화 및 교육의 발전)와 생활 수준의 향상으로 인해서 산아 제한이 이루어진다.

— 인구 추이는 낮은 사망률과 낮은 출생률을 동시에 보이는 현대적 인구 체계의 출현에까지 이른다. 서구 국가들은 18세기와 19세기 동안 이러한 인구 추이 과정을 이미 겪었다. 아시아와 남미의 몇몇 개발도상국가들은 이제 막 인구 추이의 두번째 단계에 들어섰다.

이처럼 인구의 기하급수적 증가는 역사를 통해 사실로 검증되지 않는다. 인구가 증가하는 것은 단지 인구 추이의 한 단계에 지나지 않는다. 이 단계를 지나면 출생률이 사망률의 수준에 맞게 조정된다.

■ **인구 증가는 발전을 도모할 수 있다.** 맬서스에 의하면, 인구 성장은 자원과 수입의 증가에 의해서만 허용된다. 그러나 인구 증가가 경제 성장과 발전을 유도할 수 있다는 것을 생각

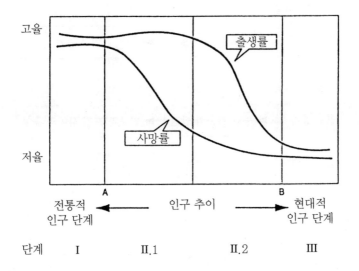

고율

저율

출생률

사망률

A   B

전통적 ← 인구 추이 → 현대적
인구 단계   인구 단계

단계   I   II.1   II.2   III

할 때 역의 관계도 가능하다. 이것이 바로 맬서스의 주장과는 반대되는 내용인 에스터 보스럽의 주장이다. 그에 의하면 인구의 압력은 창조적이다. 왜냐하면 그것은 기술 발전을 이루도록 부추기기 때문이다. 낮은 인구 밀도의 사회는 전통적인 단계에 머무르며, 발전을 이루지 못하고 정체되어 있을 것이다. 높은 인구 밀도의 사회는 인구 증가에 대처할 수 있도록 좀더 합리적으로 땅을 이용할 수 있게 유도될 것이다. 인구 증가는 더 이상 장애물이 아니다. 그 반대로 그것은 발전을 가속시키는 요인이 된다.

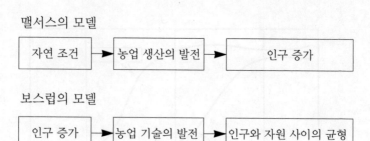

맬서스의 모델

| 자연 조건 | → | 농업 생산의 발전 | → | 인구 증가 |

보스럽의 모델

| 인구 증가 | → | 농업 기술의 발전 | → | 인구와 자원 사이의 균형 |

IV. 장 바티스트 세
기업가이자 경제학자

1767년 프랑스 리옹에서 태어난 장 바티스트 세는, 18세기말의 자유주의 이념과 1789년 프랑스 대혁명의 이념을 신봉한다. 1792년 자진 입대를 하며, 8년 후 언론계에서 명성을 얻어 나폴레옹에게 발탁된다. 나폴레옹은 법제 심의원에서 일할 것을 제의하였으나, 이 두 사람의 관계는 그리 오래 지속되지 못한다. 그리하여 법제 심의원을 떠나게 되지만, 기본적으로 자유주의자인 세는 보나파르트의 개입주의를 인정할 순 없으나 그렇다고 그것에 대해서 경고의 메시지를 보내는 일은 더더욱 할 수 없었다. 제정 기간 동안 그는 르 파-드-칼레에서 직원이 4백 명이 넘는 제사 공장을 경영하였으며, 왕정복고 기간중에는 교수직을 수행하였다. 처음에는 공예학교의 교수로, 이후에는 콜레주 드 프랑스의 교수로 활동하였다. 1830년 콜레주 드 프랑스의 정치경제학 석좌교수가 된 그는, 1832년에 그 일생을 마쳤다.

장 바티스트 세는 프랑스 고전주의 경제학을 대표하는 인물이다. 애덤 스미스가 쓴 저서들을 읽고 프랑스에 애덤 스미스를 소개한 그는 시장에 경제 활동을 규제하는 일을 일임한다.

그리고 경제적 주요 기능에 대한 유형론(생산, 유통, 분배, 소비)을 제시하면서 경제적 자유주의 이론을 더욱더 발전시키는데 기여한다. 그는 생산 요인들에 대한 연구로도 유명하다. 그러나 무엇보다도 그 유명한 '판로의 법칙'(loi des débouchés)'을 만든 사람으로 더 잘 알려져 있다.

[주요 저서]
《정치경제학 개론》(1803)
《정치경제학 입문서》(1815)
《실용적 정치경제학 강의》(1828)

1. 정치경제학은 부가 어떻게 형성되고, 분배되고, 소비되는가를 다룬다.

■ 장 바티스트 세는 최초로 기업가를 정의한 사람이다.

● 기업가는 생산 요소들을 한데 결합시키는 일을 한다. 세종류의 자원이 생산에 투여된다: 자연 인자(예를 들어 토지), 노동, 그리고 자본. 생산 요소라고 불리는 이 자원들은 시장에서 수요와 공급의 작용을 통해 결정된 가격에 기업가에 의해서 구입된다. 생산 요소들을 조합하는 것은 기업가의 책임이다. 이 일은 소비자들을 만족시킬 수 있는 제품을 만들 목적으로 인간, 기계, 그리고 1차 재료들을 조합하는 것이다.

생산의 이 세 요소들 중에서 하나를 갖고 있는 사람들은 우리가 생산적 용역이라고 부르는 것을 파는 상인들이다. 소비자는 이것을 사는 사람들이다. 기업가는 이를테면 어떤 상품에 대한 소비자들의 요구에 비례하여 그 상품을 만들기 위해서 필요한 생산적 용역을 요청하는 중계인에 불과하다.[14)]

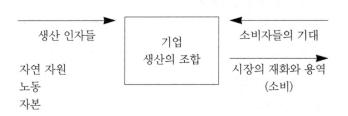

생산 인자들

자연 자원
노동
자본

기업
생산의 조합

소비자들의 기대

시장의 재화와 용역
(소비)

● **생산적 노동은 재화의 생산에만 한정되는 것은 아니다.** 국부(國富)의 축적에 있어서 제조 산업 활동에 특권적 지위를 부여한 애덤 스미스와는 반대로, 장 바티스트 세는 생산적 노동의 개념을 서비스 활동 전체에까지 확대한다. '의료 산업,' 공무원, 군대의 예를 들면서, 그는 제조업 분야 밖에서도 또 다른 경제 행위자들이 생산에 참여하고 있음을 보인다. 그들은 그들의 전문 영역과 함께 제조업 분야에서 물질적 풍요를 창출하는 데에 기여하는 사람들과 사회적 유익의 차원에서 동일한 수준에 위치되어야만 한다.

■ **장 바티스트 세에게 있어서 재화와 용역의 가치는 그것**

---

14) 장 바티스트 세, 《정치경제학 개론》(1803).

들의 생산 비용에 의해 결정된다. 즉 그것들을 생산하기 위해
서 사용된 모든 생산적 용역의 가치에 의해 결정된다.

— 노동의 생산적 용역으로서의 임금;
— 자본의 생산적 용역으로서의 이윤;
— 토지의 생산적 용역으로서의 임대료.

이 세 종류의 소득 각각의 수준은 서로 독립적으로 결정된
다. 시장에서 수요와 공급이 대결함으로써 수요량에 맞게 공
급량을 조절시키는 균형 가격이 나타난다. 이렇게 해서 국가
의 적절하지 않은 개입 없이 경제적 균형이 실현된다.

2. 우리는 장 바티스트 세를 공급 이론의 선구자라고
   간주할 수 있다.

■생산 기능이 최상으로 잘 발휘되면 경제 활동의 조절은
저절로 이루어진다.

● 생산품이 다른 생산품들과 교환된다. 이것이 바로 세가
한 가장 유명한 말이다. 그리고 이 말이 바로 그의 '판로의 법
칙' 의 기반을 이룬다. 그렇다면 이 말은 무슨 뜻인가?

그에게 있어서 생산은 항상 시장으로 흘러 다다르게 된다.
기업가들은 그들의 상품의 판로를 찾는 것을 자신한다. 실제

로 재화는 어떤 가격에서, 즉 얼마만큼의 액수에 소비자에게 팔린다. 그리고 이 소비자들은 바로 그들이 만든 또 다른 생산품을 판매하면서 얻은 수입으로 이 재화를 사는 것이다. 그러므로 농부는 그의 이전 수확에서 얻은 수입을 갖고서 트랙터를 구입할 것이다. 모든 생산품은 일단 완성이 되면, 이처럼 또 다른 제품을 위한 판로를 제공한다.

이 마지막 생산자가 생산품의 생산을 마쳤을 때, 그의 가장 큰 바람은 자신의 생산품의 가치가 자신의 손안에서 활용되지 않은 상태로 있지 않게 하기 위해서 이 생산품을 파는 것이다. 그러나 그는 돈의 가치 또한 그의 손안에서 활용되지 않은 상태로 있지 않게 하기 위해서 생산품의 판매를 통해서 얻은 돈을 쓰는 데에도 서두른다. 그런데 우리는 어떤 생산품을 구입하면서만 우리의 돈을 써버릴 수 있다.[15]

하나의 생산품이 시장에 나왔을 때, 그 생산품은 이미 생산과정을 통해서 수입(임금, 집세, 물품 제공자들에 대한 지불)의 배분을 가져왔다. 그러므로 생산품의 가치는 분배된 수입의 가치와 동일하다. 이 수입은 경제적 주체들이 유익한 재화와 용역을 구입하는 데에 사용될 것이다.

---

15) *Ibid.*

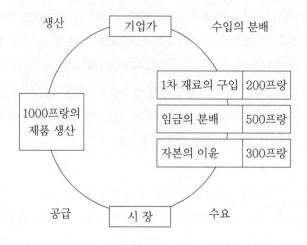

생산　　　　　기업가　　　　　수입의 분배

1000프랑의
제품 생산

1차 재료의 구입	200프랑
임금의 분배	500프랑
자본의 이윤	300프랑

공급　　　　　시 장　　　　　수요

● 경제 성장은 생산품의 공급에 의해서 자동 유지되고, 화폐는 교역에 있어서 중립적이다.

사업의 진행 속도가 느려지거나 소비가 감소하는 것은 실제로 지불 능력 부족에 그 책임을 돌릴 수는 없는 것이다. 분명 생산품의 구매는 돈의 지출을 전제한다. 그러나 세의 경우는 모두 고전주의자들처럼 돈이 실제 경제에 대해서 중립적이다. 그러므로 그는 판매의 추락 원인이 화폐적 표지가 감소하는 것에서가 아니라 불충분한 생산 수준 안에서 탐구하는 것이 합당하다고 여긴다. 그에 의하면 모든 생산은 그 생산의 재구매에 필요한 소득의 분배를 낳는다. 그러므로 경제 성장을 결정하는 것은 화폐가 아니라 생산이다. 바로 이런 점에서 훨씬 나중에 케인스가 소비의 경제학자로 여겨지는 것처럼, 장 바티스트 세는 공급의 경제학자로 여겨진다.

당신이 당신의 제품을 쉽게 팔지 못할 때, 당신은 구매자들이 당신의 제품을 실어 갈 자동차가 없기 때문이라고 말하는가? 돈은 예를 들어 제품 가치를 이동시키기 위한 자동차에 불과하다. 돈의 기능은 당신의 제품을 사기 위해서 구매자가 이전에 판매한 제품의 가치를 당신에게로 이동시키는 것이다. 마찬가지로 돈은 당신이 다른 사람들에게 판 제품의 가치를 당신이 구매를 한 또 다른 사람에게로 옮기는 일을 할 것이다.[16]

■ **국가의 역할은 치안, 통신 인프라의 구축, 교육으로 제한되어야만 한다.**

경제 활동의 규제는 시장이 담당한다. 국가의 역할은 생산 체계에 유리한 환경을 만드는 것뿐이다. 세는 이 점에서 애덤 스미스의 사상에 직접적으로 영향을 받는다. 국가는 경찰 국가로서 우선 재산과 국민들을 보호할 의무를 지닌다. 공권력은 제품의 수송을 원활하게 하면서 경제 체제의 효율성을 간접적으로 도모하는 일에 참여해야만 한다. 이런 일로는 도로의 유지, 항구 시설이나 항해의 목적을 위한 하천 개발 등이 있다. 이런 일련의 행위를 오늘날의 용어로는 외재성 또는 외부 경제라는 개념으로 지칭한다. 외재성 또는 외부 경제는 그 생산자가 재정적 부담을 짊어지지 않고서 어떤 재화의 가치를 높이는 것을 말한다.

---

16) *Ibid.*

통신 수단은 기계가 우리 공장의 제품 생산을 늘리고 생산 공정을 단축시켜 주는 것과 바로 같은 방식으로 생산을 유리하게 한다. 통신 수단은 동일한 제품을 더 싼 가격에 구매하게 해준다. 그러므로 더 적은 비용으로 더 많은 제품을 구입할 수 있게 해준다.[17]

끝으로 교육과 문화의 발전은 기업가들에게 과학과 기술의 발전을 전파시키고 더 높은 가치를 만들어 내는 새로운 생산 조합의 탄생이 더욱더 많이 일어나게 한다.

사 후

판로의 법칙이 야기하는 경제적 효과는 경제 주체의 행동에 의해서 억제될 수 있다.

■ 1820년 그의 저서 《경제학 원리》에서 **맬서스**는 효과적인 수요의 역할을 강조한다. 그렇지만 세는 이와 반대로 경제 활동의 조정에 있어서 공급의 역할에 특권을 부여한다. 경제 활동이란 어떤 가격에서 어떤 제품을 소비하고자 하는 의지라고 정의된다. 판로의 법칙의 논리는 여러 가지 효과에 의해서 억제될 수 있다.

---

17) *Ibid*.

— 경제 활동의 변화는 과잉 생산을 낳을 수 있다. 판매자들에 의해서 결정된 제품 가격의 하락은――재고가 더 이상 팔리지 않는다――경제 주체의 수입 감소를 야기하고, 그로 인해 경제 주체는 생산을 재구매할 수 없다.

— 기업가가 행한 생산이 소비자들의 기대에 부합되지 않을 수 있다. 이런 경우 소비자들의 호응을 얻지 못하는 제품은 팔리지 않는다. 그러므로 이 제품은 다른 제품들과 교환될 수 없다.

— 저축의 너무 과도한 증가는 경제 활동의 조절을 방해하고, 장 바티스트 세가 말하는 유익한 순환을 파괴할 수 있다. 맬서스는 자본가 계층에 의한 과잉 저축에 의해서 일어나는 효과를 강조한다. 경제 순환에서 도피로 여겨지는 저축은 다른 곳에 지출이 되었다면 모든 사람을 부유하게 하는 데 기여했었을 돈을 찾아가 버리는 행위이다. 1820년 맬서스의 《경제학 원리》에도 투자 과잉에 관해서 이와 유사한 생각이 나타난다. 자본재의 지나친 생산은 경제 주체의 소비 가능성과는 아무 관련 없이 재화와 용역의 재생산 조건을 만들어 낼 수 있다. 그러므로 우리는 판로의 법칙의 논리와는 정반대에 위치하는 과잉 투자 현상에 처하게 된다.

V. 카를 마르크스
경제학자, 사회학자, 그리고 예언가

1818년 독일 트리어에서 태어나 법학과 철학을 공부한 카를 마르크스는, 1841년 박사 학위를 취득한다. 이후 언론계에 들어가 《라인 신문》《독일-프랑스 연보》와 같은 잡지 출판에 참여한다. 논문이나 저서를 통해서 표명한 그의 정치적 입장은 수많은 추방을 가져다 주었고, 이로 인해 그는 전 유럽을 옮겨 다닌다. 프리드리히 엥겔스와 우정을 나누었던 마르크스는 1864년에 결성되는 국제노동자협회에서 주도적인 역할을 하게 되며, 1883년 사망한다.

그 자신이 설명한 것처럼 마르크스의 저서는 삼중의 근원에 기초한다: 프리드리히 헤겔의 철학, 데이비드 리카도에 의해서 구체적인 모습을 드러내는 영국의 정치경제학, 그리고 프랑스 사회주의. 헤겔에게서 변증법을 빌려 오는 마르크스 사상은 사회주의를 표방하는 국가 건립에 영향을 주게 되는 보편적 성격의 역사철학의 근원을 형성하게 될 것이다. 영국 고전주의에 관한 저서들을 비판적 시각으로 읽은 마르크스는, 부르주아와 프롤레타리아 사이의 이익의 대립을 제시하면서 자본주의 경제에 내재하는 부작용을 비난할 것이다. 마르크스의 저서는 역사적 과정 속에 사회 계층들의 역동성을 개입시킴으로써 사회적 변화에 대한 연구에 있어서 중요한 기여를 한다.

[주요 저서]
《공산당 선언》(1848)
《루이 보나파르트의 브뤼메르 18일》(1852)
《정치경제학 비판》(1859)
《프랑스 내전》(1871)
《자본론》(1867-1894)

1. 마르크스주의는 우선 고전 정치경제학에 대한 비판을 담고 있다.

■ 마르크스는 애덤 스미스, 맬서스, 리카도의 저서에 대한 비판적 독서를 한다.

● 그는 우선 애덤 스미스의 **분업에 대한 낙관주의적 시각**을 문제삼는다. 마르크스는 애덤 스미스가 생산에 있어서의 분업과 사회에서의 분업에 대해 서로 유추적인 관계를 설정한 것에 대해 반박한다. 애덤 스미스는 이 유추적 관계를 설명하기 위해서 그 유명한 핀 생산의 예를 들었었다. 한편에는 핀을 만들어서 직접 시장에 내다파는 독립 노동자들이 있고, 또 다른

한편에는 핀을 생산하지 않고 자본가-기업가를 위한 제품이 될 뿐인 집단적 노동을 하는 노동자들이 있다. 마르크스는 이처럼 **노동의 사회적 분업**과 자본주의 생산 양식의 고유한 산물인 **노동의 기술적 또는 생산적 분업**을 구분한다. 노동의 사회적 분업은 독립 생산 행위자들을 시장의 무정부성에 종속시킨다. 분자화된 노동자에게 부과된 제조업의 분업은 분명 전체적인 노동력을 발전시킨다. 그러나 이는 노동에 대한 자본의 지배에 일조를 한다. 그러므로 이것은 착취의 세련된 방식으로 나타난다. 게다가 자본주의 생산 체제를 지배하고 있는 작업의 분자화와 기계주의에 대한 의존은 인간과 노동을 연결하는 고리를 끊는다.

분업과 기계의 도입은 노동자의 노동에서 개인적 성격을 박탈하고, 노동이 지니는 모든 매력을 앗아간다. 생산자는 기계의 단순한 보조자가 된다. 노동자는 가장 단순하고 가장 단조로우며 가장 배우기 쉬운 작업을 하도록 요구된다. 노동자 집단은 (…) 부르주아 계급과 부르주아 정부의 노예일 뿐 아니라 매일, 매순간 기계와 공장 감독 그리고 특히 기업주의 노예가 된다.

● 마르크스는 맬서스의 인구론을 **자본주의 체제의 고유한 인구 법칙**으로 대체한다. 그는 맬서스가 인구의 변화와 식량 증산 사이의 관계를 분석함에 있어서 지나치게 추상적이라고 비판한다. 마르크스의 비판은 이중적인 관점에 기초하고 있다. 그에 의하면 우선 역사적으로 정해진 하나의 틀 밖에서는

이 이중적인 변천에 대해서 논하는 것이 어려워 보인다. 그리고 생계 수단의 생산에 관한 한 국가의 수준을 결정하는 경제적 그리고 사회적 조건들을 고려하는 것이 필요하다.

실제로 사회적 생산의 역사적 양식들은 모두 고유한 인구 법칙을 갖고 있다. 하나의 인구 법칙은 고유한 하나의 생산 양식에만 적용이 되고, 그 양식과 함께함으로써 결과적으로 역사적인 가치만을 지닌다. 추상적이고 불변하는 인구 법칙은 식물이나 동물에만 존재한다. 그리고 그것도 이 식물과 동물들이 인간의 영향을 받지 않을 경우에만 그렇다.[18]

마르크스는 **상대적 인구 과잉**이라는 개념을 선호하는데, 이는 노동자 인구의 절대적인 과잉과 관련이 있는 것이 아니라 자본주의 생산 과정의 특별한 개발과 관련이 있다. 실제로 자본의 가속화된 증가는 인력을 대체하고, 그럼으로써 노동자 계급의 일부분을 할 일 없는 상태로 몰아넣는다. 자본주의적 착취에 고유한 자본의 축적과 비례하여 노동자 계급은 두 부류로 분해된다: **활동 부대**(일을 하는 노동자들)와 **산업 예비 부대**(실업자들).

맬서스가 노동자 계급의 인구 과잉을 배격한다면, 마르크스는 그것을 자본주의적 착취 논리에 필요한 것으로 여긴다. 왜냐하면 이것은 노동자들 사이의 경쟁을 증가시키고, 그럼으로

---

18) 카를 마르크스, 《자본론》(1867).

써 이윤 증가에 유리한 임금 하락을 결정하기 때문이다. 또한 가난한 사람들의 절제에 기초하는 맬서스의 도덕적 규율이 마르크스에게 있어서는 아주 비현실적인 것처럼 보인다. 왜냐하면 마르크스로서는 소외된 계층의 사회적 그리고 경제적 상황에 관계된 모든 종류의 실망을 보상해 주는 것은 오직 성적 본능에 대한 만족이기 때문이다.

● 리카도의 노동 가치 이론을 받아들여서, 마르크스는 **잉여 가치의 추출을 통한 노동자 착취의 이론**을 만들어 낸다. 기업가들은 생산에 있어서 노동력의 유용성에 기초한 '사용 가치'를 위해서 노동력을 구매한다. 그리고 기업가들은 노동의 사용 가치에 준하여 계산된 임금에 의해서, 즉 노동력의 재임차에 필요한 임금 수준(의식주의 구매)에 의해서 노동자들을 보상한다. 판매할 수 있는 제품의 형태를 띠는, 노동력에 의해서 만들어진 가치와 교환 가치에 입각한 이 노동력의 구매 사이의 차이가 바로 마르크스가 **잉여 가치**라 부르는 것이고, 이것은 자본주의 기업가가 지불하지 않은 **잉여 노동**의 근원인 것이다.

돈을 가진 사람은 노동자의 매일매일의 노동에 대해서 돈을 지불한다. 그러므로 그는 하루치의 노동, 하루 동안 그 노동을 사용할 수 있는 권리를 소유한다. 하루의 품삯은 반나절 노동의 값어치에 해당한다. 그렇지만 이 품삯으로 노동자는 하루 종일 일을 한다. 그러므로 하루 노동을 통해서 얻어지는 가치는 투여

되는 품삯의 2배가 된다. 이는 노동자들을 구매한 사람들에게 는 아주 즐거운 일이다.[19]

잉여 가치는 또한 자본과 노동이 투여되는 생산 과정에 의해서 결정된다. 생산 관계로서 자본은 고정 자본과 유동 자본으로 나누어진다. 고정 자본은 기업가로 하여금 생산 수단(기계, 장비)을 구입하게 하는 자본 부분이다. 이런 형태의 자본은 '고정적'이라고 말한다. 왜냐하면 이 자본은 생산 수단의 구매 비용보다 더 많은 가치 창출의 근원이 되지 못하기 때문이다. 반대로 임금의 형태로 노동자들에게 보상을 하는 데 쓰이는 변동 자본은 그것의 재생산을 위해서 필요한 것보다 더 많은 가치를 창출한다. 그러므로 우리는 **이윤율**(잉여 가치의 화폐적 표시)을 다음과 같이 계산할 수 있다.

$$\text{이윤율} = \frac{\text{잉여 가치}}{\text{고정 자본} + \text{가변 자본}}$$

2. 마르크스는 역사 진화와 사회 변화를 설명할 수 있는 방대한 이론 모델을 발전시킨다.

■ 모든 역사는 계층간의 투쟁 역사이다.

---

19) *Ibid.*

● **생산 양식**이란 개념은 마르크스 분석의 중심에 위치한다. 마르크스에게 있어서 생산 양식이란 인간이 그들의 존재 조건, 즉 인간 집단의 생존에 필요한 재화의 생산을 재생산하는 방식을 가리킨다. 그리고 역사적으로 볼 때, 세 가지의 생산 양식이 연속적으로 이어진다: 노예 제도 생산 양식(고대 사회), 봉건적 생산 양식(중세 사회), 끝으로 제조업의 탄생과 임금 제도에 의해 특징지어지는 자본주의 생산 양식(산업 사회).

각 생산 양식은 경제적 하부 구조와 정치적·이데올로기적 상부 구조라는 2개의 수준에 위치하면서 상호 작용을 하는 일련의 요소들에 기초한다.

— **하부 구조**는 1차 재료, 기술 자본, 노동력의 사용과 같은 생산력을 결집시키는 경제적 기초를 나타낸다. 단지 생산력의 여러 구성부들은 마르크스가 **생산 관계**라고 부르는 것을 낳는 관계들에 의해서 서로 연결되어 있다. 이처럼 이 관계들은 생산 수단(자본)의 소유자들과 자신들의 노동력을 파는 사람들을 서로 대립시킨다. 노동자들은 잉여 가치를 착취당하는 희생자들이다.

그들 존재의 사회적 생산 안에서, 인간들은 그들의 물적 생산력의 정해진 발전 수준에 일치하는 생산 관계, 그들의 의지와 독립되고, 요청되는 정해진 관계 속으로 들어간다. 이 일련의 생산 관계들은 사회의 경제적 구조를 구성한다. 그리고 이 구조는 법률적·정치적 상부 구조가 그것 위에 서 있는 구체적인 기반을 구성한다. 그리고 이 구조에는 그것에 상응하는 정

해진 사회적 의식의 형태들이 존재한다.[20]

지배 계급

상부 구조

국가와 이데올로기

↑

하부 구조

생산 관계

생산력

— 정치적 그리고 이데올로기적 **상부 구조**는 생산 관계를 재생산한다. '사회계약론'의 사상과는 반대로, 마르크스는 국가가 사회의 물적 기반에 관해서 중립적이지 않음을 목도한다. 국가는 재판관이 아니다. 국가는 나머지 계층들에 대한 지배를 영속화하려는 한 계층의 수중에 있으며, 일련의 강제력을 발휘하는 도구들이다. 표상의 체계로 만들어지고, 또 세상을 바라보는 관점으로 고안된 이데올로기 또한 생산 관계로부터 독립적이 아니다. 이데올로기는 아주 종종 지배 계층의 이데올로기를 구성한다. 그것은 바로 착취의 관계를 재생산하게 해주고, 정신을 현혹시키는 일련의 가치와 관념들이다.

— **하부 구조는 상부 구조를 결정한다.** 이데올로기의 내용과 정치 형태의 근원에 있는 것은 사회의 물질적 기반이다. 그

---

20) 카를 마르크스, 《정치경제학 비판》(1859).

러므로 마르크스주의는 역사적 결정주의를 부과하는 것처럼 나타난다. 그렇지만 마르크스의 '교육적' 시각을 단선적으로 받아들이지 않는 것이 합당하다. 왜냐하면 마르크스는 경제의 중요성을 강조하였지만, 그와 동시에 상부 구조의 상대적인 독립성 그리고 사회의 경제적 기반에 상부 구조들이 반대급부로 미치는 작용 또한 강조하기 때문이다.

● **사회 계급**들은 그들이 생산 수단의 소유와 맺는 관계하에서 정의된다. 그러므로 그들의 존재는 역사의 동인인 계급 투쟁과 서로 분리할 수 없다.

마르크스가 사회 계급의 존재나 계급 투쟁을 처음 발견한 것은 아니다. 이 개념의 사용은 18세기말부터 비교적 빈번하게 이루어졌다. 그렇지만 마르크스는 역사적 변천 속에서 사회 계급이 지니는 역할을 처음으로 증명한 사람이다. 사회 계급들에 대한 마르크스의 이론은 사회 계급을 정의하게 해주는 세 가지의 기준을 지니고 있다.

— **생산 양식에 있어서 사회 계급이 차지하는 위치.** 다시 말해서 생산 수단의 소유, 즉 자본의 소유와의 관계하에서 **사회 계급이 차지하는 위치.** 자본주의 생산 양식 안에서, 생산 수단을 소유하고 있는 부르주아 계급은 노동력만을 소유하고 있는 프롤레타리아 계급과 대립된다. 이 두 계급의 위치는 자본에 의한 노동의 착취로 특징지어지는 생산 관계를 만들어 낸다.

1848년의 《공산당 선언》에 나타난 것과 같은 이런 사회의 양극적인 분절은 계급 상황의 다양성을 더 잘 드러내고 있는 좀

더 역사적인 분석들에 의해서 보충될 수 있다. 1849년의 《프랑스 내전》이나 《루이 보나파르트의 브뤼메르 18일》(1952)이 바로 그러한 분석을 담아낸 책들인데, 이 책들에서 마르크스는 여러 계급들(부르주아, 프티부르주아, 프롤레타리아, 분자화된 농부)과 다양한 계급 갈등(자본가 부르주아와 산업 부르주아)을 정의한다. 그러나 모든 계급과 계급 갈등은 생산 수단의 소유에 대한 그들의 위치와 관련을 맺고 있다.

— **계급 투쟁**. 마르크스에게 있어서 모든 형태의 갈등은 그것의 정치적·철학적·종교적 쟁점이 무엇이든간에 계급 투쟁을 표현하는 것에 지나지 않는다. 그래서 그는 자본주의의 발전을 방해했던 장애물들(봉건 제도, 조합, 계급 사회)을 제거하기 위한 노력에 있어서 부르주아 계급이 혁명적인 역할을 한다는 것을 보인다. 봉건적 생산 양식의 잔재 위에 부르주아 계급은 자유 경쟁과 사법적 평등을 이룩했다. 사회적 그리고 정치적 틀에 있어서의 이런 큰 변화는 생산력의 전례 없는 발전을 가능하게 했다.

　　자유인과 노예, 귀족과 평민, 제후와 농노, 조합단체장과 직공, 한마디로 항구적인 대립 관계 속에 있는 압제자와 압제받는 자는 때로는 열려 있고 때로는 감추어진 끊임없는 전쟁, 늘 사회 전체의 혁명적 변화와 투쟁 속에 있는 이 두 계급의 파괴로 끝이 나는 전쟁을 벌였다.[21]

---

21) 카를 마르크스, 프리드리히 엥겔스, 《공산당 선언》(1848).

— **계급 의식**은 경제적 · 정치적 그리고 사회적 관점에서 한 계층의 특별한 이익에 대한 인식과 수호로 나타난다. 마르크스에게 있어서 프롤레타리아의 계급 의식은 그 구성원들의 특권을 넘어선다. 왜냐하면 역사의 주체인 노동자 계급은 혁명적 절차에 의해서 사회주의 사회의 출현을 가능하게 해야만 하기 때문이다.

내가 새롭게 가져온 것은 첫째, 계급의 존재는 생산 발전의 결정된 역사적 단계들과만 관련이 있다는 것; 둘째, 계급 투쟁은 반드시 프롤레타리아 독재를 낳게 된다는 것; 셋째, 이 독재 그 자체는 모든 계급의 철폐와 계급 없는 사회로 향하는 한 단계에 불과하다는 것이다.[22]

마르크스는 노동자 운동의 성숙도와 비례하여, **즉자적 사회**에서 **대자적 사회**로 이끄는 계급 이익에 대한 의식의 발전을 구분해 낸다. 자본의 지배는 노동자들 사이에 공통의 이익과 공통의 상황을 만들어 낸다. 그러므로 노동자 계층은 자본 소유자들에 대해서 '즉자적' 계급을 구성한다. 그러나 '즉자적' 계급으로서 그들은 자신들을 위해서 반드시 행동하거나 투쟁하지는 않는다. 연합, 즉 생산 수단의 수유에 대헤서 그들의 이익을 지키고자 결심한 노동자들의 규합을 통해서 '대자적' 계급이 형성된다. 그러므로 이 '대자적' 계급은 계급의 위치, 즉

---

22) 카를 마르크스, 《바이드마이어(Weydemeyer)에게 보내는 편지》(1848).

정치적 위치를 요구하게 된다.

■ **노동자 계층은 프롤레타리아 혁명을 통해서 사회주의 그리고 공산주의로 향하는 길을 연다.** 마르크스는 그의 역사적 작업 안에서 봉건주의의 폐허 위에서 자본주의 생산 양식을 부과하기에 이르는 부르주아 계급의 혁명적 역할을 강조했다. 역사의 새로운 주체인 노동자 계급은 사물의 질서를 바꾸고, 사회주의가 설립되는 것을 보장해야만 한다. 사회주의는 2개의 서로 다른 단계로 구분된다.

— **저급 사회주의 또는 프롤레타리아 독재**는 인간에 의한 인간의 착취를 없애는 데에 필요한 생산 수단의 집단적 소유에 그 기초를 두고 있다. 국가 권력을 쟁취한 후에 프롤레타리아는 옛 지배 계급, 즉 부르주아에 반하게 국가적 장치를 돌려놓는다. 이 첫번째 단계는 단지 일시적으로 거쳐 가는 단계일 뿐이다.

자본주의 사회와 공산주의 사회 사이에는 자본주의 사회로부터 공산주의 사회로의 혁명적 변화가 이루어지는 기간이 존재한다. 바로 이 변화의 중간 단계에는 프롤레타리아에 의한 혁명적 독재 형태의 국가가 존재한다.

— **고급 사회주의 또는 공산주의**는 국가가 사라지는 것으로 특징지어진다. 이 단계에서 지배 계층의 이익을 도모하기 위한 도구인 국가는 사회 계급이 없어짐에 따라 더 이상 존립의 근

거가 없어진다. 경제는 풍요의 단계에 이르러 각 사람은 이제 더 이상 그들의 노동량에 따라 소비하는 것이 아니라 그들의 필요에 따라 소비하게 될 것이다.

사 후

마르크스가 정의하는 사회 계급이란 개념이 사회학적 분석에서 항상 유효한 도구인가? 자본주의 국가들의 변화나 소련의 변화는 때때로 이 질문에 대해 부정적인 답을 하게 만든다.

■ **사회 계급을 바라보는 마르크스적 관점의 유효성은 서구 자본주의의 변천에 의해서 약화된다.** 생산 양식 안에서 차지하는 위치에 따른 사회 계급의 정의는 현대 사회에 존재하는 사회적 관계의 복합성을 설명하기에는 그 한계가 분명한 것으로 보인다.

마르크스는 역사적 과정의 행위자요 주체인 노동자 계급이 자본주의 사회의 변화를 가능하게 하는 역사철학의 기반을 만든다. 이런 일련의 명제들은 《자본론》의 저자 그 자신의 방법과도 모순되는 것으로 나타난다.

사회 계급에 대한 마르크스의 분석은 역사적으로 결정된 사회적 관계, 19세기 유럽에서 산업자본주의의 탄생을 특징지었던 사회적 관계에 그 기반을 두고 있다. 19세기 중반에 있었던 계급 갈등에 대한 관찰과 개념화로부터 마르크스는 보편적 성격을 지닌 방대한 이론적 전체를 형성한다. 이 방대한 이론적 전체는 생산 수단의 사적 소유에 관련된 모순이 계급 투쟁을 낳고, 이 계급 투쟁은 결국 그 투명성 안에서 공산주의라는 이상적 사회의 출현으로 끝이 난다는 것을 말해 준다. 그러나 우리가 마르크스를 과학적 절차를 지닌 이데올로기인 마르크스주의와 서로 대립시키는 것은 용이한 일이다. 그 누구도 역사적으로 정해진 하나의 상황에 대한 관찰로부터 보편적 해석의 가치를 지닌 결론을 제시할 수는 없는 것이다. 또 우리는 마르크스가 인구에 관한 원리를 갖고서 맬서스에게 한 동일한 비판을 바로 마르크스에게 할 수 있다.

사회 계급에 대한 마르크스의 정의의 기초를 이루는 생산 수단의 소유 또는 비소유는 사회 그룹들간에 존재하는 여러 종류의 대립과 갈등들 중 특별한 하나의 경우에 불과하다. 오늘날의 독일 사회학자 랄프 다렌도르프가 강조한 것처럼, 생산 수단의 소유자와 비소유자로 사회를 구분하는 것에 기반을 둔 계급 이론은 법률적 소유와 지배권이 분리되는 순간부터 그 분석적 힘을 상실한다. 발전된 산업 사회에서 결정권은 생산 수단의 실제적 소유 밖에서 행사된다. 대기업, 공공 분야 또는 국가의 대부분의 결정권자들은 프랑스의 그랑제콜[23]이나 미국의 명문대학교를 졸업한 월급쟁이들에 불과하다. 그러므로 사회적 갈등 관계의 저변에는 소유 관계보다는 권위의 관계가 훨씬 더 크

---

23) 개방적·평등적 성격을 지닌 일반대학교(Université)와 병행하여 존재하며, 소수의 엘리트만을 양성하는 프랑스의 특수전문대학교. 〔역주〕

게 작용한다. 따라서 사회적 주체들은 그들이 지니고 있는 권위의 수준에 비례하는 위계 속의 위치로 나누어진다. 이 위계 속의 각 위치에는 물질적 또는 상징적 이익, 특권 또는 불리함이 대응된다.

권위가 지니는 여러 특징들 중 하나는 그것이 다른 욕망들이나 필요를 만족시키는 데에, 그리고 직접적으로 유익을 주는 사회적 이점을 얻는 데에 사용되는 도구가 될 수 있다는 것이다. 그러므로 대부분의 사회에는 권위의 분배와 사회적 층위를 저변에서 지탱하는 사회적 이익의 체계 사이에 상대적인 상관관계가 존재한다.[24]

■ 아주 역설적이게도, 소비에트 러시아의 역사는 마르크스식 사유의 한계를 보여 주는 경향이 있다. 1917년 혁명 이후 사유 재산이 폐지되었지만, 이는 결코 평등한 사회를 가져다 주지 못했다. 이데올로기에 그 모습이 가려져 있지만, 사실 수많은 사회적 차별의 표지들이 다시 나타났다. 1920년대 이후로 정치적 권력과 경제적 권력은 인민의 대권으로부터 벗어나서 장차 국가 관료주의로 발전되는 것들에게 몰수된다. 따라서 생산 수단의 '명목적 소유'와 '실질적 소유'를 구분하는 것이 합당하다. 1917-1991년의 기간 동안 인민이 집단적 소

---

24) R. 다렌도르프, 《산업 사회의 계급과 계급 갈등》, 에디티옹 드 미뉘, 1972.

유의 명목적 소유자였다면, 관료들(공산당원, 고급공무원, 군지휘관 등)은 사회주의 생산 도구의 실질적 소유에 관련된 이익과 특권을 서로 나누어 가졌다.

VI. 존 메이너드 케인스
자본주의의 개혁가

존 메이너드 케인스는 1883년 영국 케임브리지에서 태어나 이튼 고등학교를 거쳐 케임브리지대학교에서 수학과 경제학을 공부하며, 신고전주의 경제학의 대가 앨프레드 마셜의 가르침을 받는다. 인도성(印度省)에 근무한 경력이 있고, 이후 케임브리지대학교의 교수로 활동한다. 그는 행정부의 여러 가지 일을 하도록 요청받는데, 1915년에는 재무부의 일을 하고, 1919년에는 베르사유 협약을 준비하는 평화 회담에 참가한다. 그러나 독일에 부과되는 배상금 규모에서 의견의 불일치가 있자 이 일에서 사임한다. 그후 케인스는 리카도처럼 능수능란하게 증권 투자를 하는 동시에 시대의 경제적 문제에 관한 많은 글들을 쓴다. 1942년 귀족으로서 경의 칭호를 받게 되며, 1944년에 열린 브레턴우즈 회의에 영국 대표로 참가한다. 그는 1946년에 생을 마감했다.

케인스의 저서는 경제사상사에 있어서 하나의 기념비를 구성한다. 애덤 스미스·마르크스와 함께 그는 경제학의 세 패러다임 중 하나, 즉 케인스주의의 근원에 있다. 자유주의 정통

이론에 맞서서, 케인스는 예를 들어 저고용에 관해서 신고전주의 논리의 한계를 보여 줄 것이다. 그는 또한 미국의 경제학자 어빙 피셔가 제시하는 화폐 계량 이론에 대해서 반대하는 입장을 표명할 것이다. 그러나 '케인스 혁명'의 정수는 1930년대 경제 대공황에 대한 해석에 있다. 경제적 상호 작용에 대한 거시적 시각에 의해서, 케인스는 저서 《고용 · 이자 및 화폐에 관한 일반 이론》 안에서 '위대한 30년'[25]의 경제 정책에 근간이 되는 거시경제학적 체계를 제시할 것이다.

[주요 저서]
《평화의 경제적 귀결》(1919)
《화폐론》(1930)
《고용 · 이자 및 화폐에 관한 일반 이론》(1936)

1. 케인스는 고전주의 경제학의 기초를 문제시한다.

■ 케인스의 접근 방식은 확실히 거시경제학적이다. 그의 분석은 세계 경제의 순환을 구성하는 다양한 힘들간의 상호 의존성을 출발점으로 삼는다. 케인스 이전에 고전주의 또는 신고전주의 경제학자들은 개인적 행위(소비, 저축)나 비교적 제

---

25) 경제학자 장 푸라스에의 책 제목에서 유래된 것으로 1945년부터 1973년까지, 즉 제2차 세계대전부터 제1차 오일 쇼크까지 서방 국가들이 지속적으로 경제 성장을 이룩했던 기간을 지칭한다. 〔역주〕

한된 규모의 집단(기업)에 의해서 형성된 전략과 관련된 현상이나 체계를 포착했다. 그러므로 국가 경제는 개인적 행동이나 전략의 합에 지나지 않았다. 케인스의 혁명은 이런 방법론적 개인주의와 관계된 모든 경제학적 연구와 단절을 이룬다. 케인스는 우리에게 경제 체계를 전체성 속에서 고찰하는 방법을 가르치고, 국가 경제를 구성하는 다양한 차원들간의 상호 작용을 분석하는 방법을 가르친다.

우리는 우리의 이론에 **일반 이론**이라는 이름을 부여했다(⋯). 우리는 바로 이런 이름을 줌으로써 우리가 전체성 속에서 경제 체계의 운용을 근본적으로 포착하기를 의도했고, 전체 수입, 전체 이윤, 전체 생산 (⋯) 등을 살펴보고자 했음을 드러내고자 했다. 그리고 우리는 다른 경제학자들이 경제 체계의 일부분을 고립적으로 살펴본 후에 얻은 결론을 경제 체계 전체에 그대로 확대 적용함으로써 심각한 실수를 저지르고 있다고 주장한다.[26]

● **케인스는** 장 바티스트 세의 **판로의 법칙에 대해 이의를 제기한다.** 세에 의하면 공급은 그 고유한 수요를 창출하고, 제품은 다른 제품들과 서로 교역이 된다. 맬서스가 이미 이 프랑스 경제학자의 이론에 대해서 비판적인 입장을 보였었다. 그러나 케인스는 생산시 분배되는 수입과 생산의 재구매를 위한 동일한 수입의 소비 사이에 나타날 수 있는 부적절함을 강조

---

26) 존 메이너드 케인스, 《고용 · 이자 및 화폐에 관한 일반 이론》(1936).

하면서 맬서스의 비판을 더욱더 심화시킨다. 저축은 그것이 소비에 대한 포기로서 특징지어지는 것일 때, 세의 법칙의 논리를 부수는 것이 된다. 과잉 생산의 위기는 항상 가능하고, 균형은 자동적으로 이루어지는 것이 아니다. 게다가 케인스는 세의 논리를 역으로 가져간다. 조절에 의해서 생산되는 제품에 대한 수요를 창출하는 것은 이제 더 이상 공급이 아니다. 생산을 촉발하는 것은 바로 수요이다.

● **맬서스의 영향을 받은 케인스는 저고용 상태에서 저축이 가져오는 부정적인 효과를 강조한다.** 저축을 부를 축적하는 원천, 그러므로 경제 성장의 기반으로 여겼던 고전주의자들과는 반대로, 케인스는 과도한 저축은 경제 위기를 초래한다고 여긴다. 저축은 경제적 순환 안에서 결실처럼 나타난다. 소비자들은 지출을 줄이면서 기업가들로 하여금 투자를 극소화하게 만들고, 결과적으로 고용을 창출하지 않게, 즉 근로자들을 해고하게 만든다. 그러므로 실업의 증가는 소비의 위축으로 나타나고, 이는 최초의 상황을 악화시킬 뿐이다. 이런 식으로 하나의 실업은 또 다른 실업을 야기시킨다.

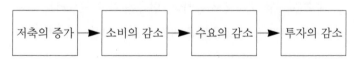

저축의 증가 ▶ 소비의 감소 ▶ 수요의 감소 ▶ 투자의 감소

(…) 실업자의 수가 이미 상당한 정도로 과잉 상태에 있다면, 저축은 결과적으로 이 과잉 상태를 더욱 심화시켜서 실업자의 수를 더욱더 증가시키는 효과만을 갖게 될 것이다. 게다가 이

런저런 이유로 실업 상태에 놓인 모든 사람은 자신의 구매력이 더 약화되는 것을 보게 될 것이고, 이는 이제 더 이상 그가 구매할 능력이 없는 제품을 생산하는 노동자들 중에서 실업자가 생기게끔 만들 것이다. 그리고 그럼으로써 상황은 악순환처럼 계속 더 나빠질 것이다.[27]

■ **케인스는 이자율에 대한 고전주의 이론과 화폐의 중립성을 문제시한다.**

고전주의자들에게 있어서, 이자는 다른 모든 가격이 그러한 것처럼 시장에서 수요와 공급의 작용에 의해서 결정되는 하나의 가격이다. 여기서 시장은 물론 자본 시장을 말한다. 그러므로 이자율은 대출 가능한 자본의 수준과 기업가들이 대출받기를 원하는 자본의 수준 사이에 균형을 맞추어 놓는다. 바로 그렇게 저축과 투자 사이에 균형이 이루어진다.

케인스는 이자율이 현금, 즉 '유동성'의 수요와 공급만큼 자본 시장을 규제하지 못한다는 것을 보이면서 고전주의적 시각과 단절을 한다.

케인스는 경제적 주체들이 보여 주는 **유동성에 대한 선호**라는 새로운 개념 도구를 사용한다. 현금을 갖고 있으려는 의지로 특징지어지는 이 유동성에 대한 선호는 다음 세 가지 동기 부여에 대해 응답한다.

---

27) 존 메이너드 케인스, 《라디오 연설》(1931).

— **거래의 동기**. 경제 주체들은 일상적인 소비 지출을 위해서 그들 수입의 일부분은 수중에 지니고 있다.

— **경계의 동기**. 경제 주체들은 있을지도 모를 어려움(실업, 사고 등)에 대비하기 위해서 얼마간의 현금을 지니고 있다.

— **투기의 동기**. 이 동기는 경제 주체들로 하여금 예금의 가장 유리한 적기를 기다리면서 현금을 보유하도록 부추긴다 (이자율의 상승).

거래의 동기나 경계의 동기에 의해서 유발되는 유동성에 대한 선호는 이자율의 변동과는 아무런 상관 관계를 맺지 않는다. 그렇지만 투기의 동기는 그렇지 않다. 이자율이 낮으면 그만큼 현금에 대한 요구는 강해진다. 반대로 이자율이 높으면 그만큼 현금에 대한 요구는 낮아진다. 실제로 이자는 케인스가 '유동성의 포기'라고 부르는 것을 보상한다. 그에게 있어서 현금 비축을 포기하도록 부추기는 것은 가격보다는 저축자에게 주는 특혜이다. 현금에 대한 요구가 유동성에 대한 선호로부터 연유된다면, 현금의 공급은 화폐 발행에 관한 중앙은행의 결정에 의해서 정해진다. 그러므로 이자율은 현금에 대한 선호와 중앙은행의 화폐 공급 사이에 설정되는 관계와 함수 관계를 이룬다.

케인스와 함께 화폐는 경제적 상황의 변화에 대해서 중립적이지 않다. 화폐는 고전주의 학자들이 생각한 것처럼 이제 더 이상 교환에 사용되는 도구 정도에 머물지 않는다. 화폐는 이자율을 통해서 경제에 영향력을 행사한다. 이자율의 하락은 기업가들로 하여금 투자를 늘리게 하고, 그럼으로써 고용을 창출하게 만든다.

■ **케인스는 실업에 대한 고전주의 이론을 문제시한다.**

고전주의 경제학자와 신고전주의 경제학자들은 일반 균형이론의 시각에서 노동 시장을 바라본다. 노동은 여러 상품들 중 하나이고, 그것의 가격은 공급(노동의 공급)과 수요(기업가의 수요) 사이의 단순한 대결에 의해서 자유롭게 결정된다. 노동의 수요와 공급 사이에 균형을 이루게 하는 것은 바로 임금, 즉 노동 가격인 것이다. 케인스의 친구이자 케임브리지대학교 동료인 아서 세실 피구는 그의 저서 《비고용의 이론》에서 고전주의적 시각에서 실업 문제를 정리한다. 우리가 노동 시장에서의 자유 경쟁과 명목임금의 탄력성에 대해서 반대하지 않는 한 비자발적인 실업은 나타날 수가 없다. 공급이 수요보다 더 많으면, 다른 모든 가격이 그러한 것처럼 임금은 낮아져야만 한다. 임금이 줄어들고 가격에 변동이 없으면 기업의 이윤은 증가하고, 그래서 실업을 흡수하는 새로운 일자리 창출이 이루어진다. 고전주의자들에게 있어서는 자발적인 실업, 즉 자신의 임금이 낮아지는 것을 노동자가 거부함으로써 야기되는 실업만이 존재할 수 있다.

케인스는 아서 세실 피구가 이처럼 정리한 고전주의 실업 이론에 반대한다. 《고용 · 이자 및 화폐에 관한 일반 이론》의 저자에게는 자유주의 경제학자의 기적과 같은 처방인 임금 하락이 그저 실업률의 상승만을 가져올 뿐이다.

― 임금 하락이 가격의 하락을 동반한다면, 저고용의 악순환을 깨는 어떤 변화도 일어나지 않을 것이다. 왜냐하면 명목임금(금액으로 표현되는)이 실질임금(가격 변동에 의해서 수정된 명목임금)과 같아지기 때문이다. 10퍼센트의 임금 하락이 10퍼센트의 전체적인 가격 하락과 함께 일어난다면 기업의 이익에는 아무런 변화가 없을 것이다. 그러므로 고용 창출은 생길 수 없다.

― 임금이 10퍼센트 줄어들고 가격이 8퍼센트 줄어든다면, 실질임금은 2퍼센트 하락하는 것이다. 이로 인한 구매력의 감소는 소비 지출의 감소를 낳고, 소비 지출의 감소는 케인스 경제의 동력인 고용과 기업 투자의 감소를 야기한다.

경기 침체 시기에 특징적으로 나타나는 실업이 노동자가 명목임금의 하락을 받아들이지 않으므로 야기되는 것이라는 주장은 분명히 실제 사실에 의해서 증명되지 않은 명제이다. 1932년 미국의 실업 사태가 노동자들이 명목임금의 감소를 고집스럽게 거부한 것 때문에 일어난 것이라고 주장하거나, 당시 경제의 이윤 구조가 노동자에게 허락할 수 있는 것보다 더 많은 실질임금을 노동자들이 받으려고 해서 일어난 것이라고 주장하는 것은 온당치 못하다. (…) 그러므로 이런 관찰적 사실들은 우리가 고전주의 분석의 타당성을 검증할 수 있는 예비 장소가 된다.[28]

---

28) 존 메이너드 케인스, 《고용 · 이자 및 화폐에 관한 일반 이론》(1936).

2. 유효 수요는 케인스 공식의 핵심 개념이다.

■ 유효 수요는 소비재와 생산재의 수요에 대한 예측 총합이다.

● 유효 수요는 생산 수준과 고용 수준을 지배한다.

세의 판로의 법칙에 대한 반대 입장을 강조하기 위해서 이미 맬서스에 의해서 사용된 유효 수요라는 개념은 실제 수요가 아니라 기업가들이 예측하는 수요이다. 소비재와 생산재를 합한 유효 수요에 비례해서 기업가는 생산 수준을 결정한다. 생산된 재화가 구매자를 찾지 못한다면 생산이 아무런 의미가 없다는 것은 너무나 분명한 사실이다. 그러므로 기업의 생산 수준은 기업가들이 예측하는 수요의 수준에 일치해야만 한다. 한편 고용의 수준은 생산 수준에 의해서 결정된다. 생산 수준이 높아지면 높아질수록 고용은 많아진다. 고용 수준(완전 고용 또는 실업)은 생산 계획 차원에서의 기업 전략을 매개로 하여 유효 수요의 수준과 관련을 맺는다.

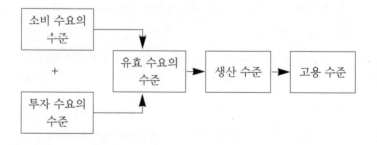

● **소비량은 우선 전체 수입의 수준에 의해 결정된다.** 실제로 소득은 다음 두 가지 방식으로만 사용될 수 있다: 저축과 소비. 소득이 증가하면 보통 저축과 소비 둘 다 증가하기 마련이다. 이는 다음과 같은 소비 함수로 나타난다: $C=f(R)$. 이 공식에서 C(= 소비)는 R(= 전체 수입)과 함수 관계에 있다. 수입이 증가할 때 소비는 증가한다. 그러나 케인스에 의하면, 소비 증가는 소득 증가에 비례하는 양보다는 더 적게 증가한다. 소비와 소득 사이의 관계를 설정하기 위해서, 케인스는 소비의 중간적 그리고 주변적 성향을 다음과 같이 정의했다.

| 가계 소득 | × | 소비 성향 | = | 소비 요구 수준 |

소비의 중간적 성향은 주어진 기간중 소비와 소득 사이의 관계를 나타낸다.

소비의 중간적 성향 : $\dfrac{C}{R} = \dfrac{소비}{수입}$

소비의 주변적 성향은 주어진 기간 동안의 소비 편차와 동일한 기간 동안 상응하는 소득 편차 사이의 관계를 나타낸다.

소비의 주변적 성향 : $\dfrac{\triangle C}{\triangle R} = \dfrac{소비의\ 편차}{소득의\ 편차}$

반대적으로 **저축의 중간적 성향**은 주어진 기간중 저축과 수입 사이의 관계를 나타낸다.

저축의 중간적 성향 : $\dfrac{E}{R} = \dfrac{저축}{수입}$

저축의 주변적 성향은 주어진 기간 동안의 저축의 편차와 동일한 기간 동안 상응하는 소득의 편차 사이의 관계를 나타낸다.

저축의 주변적 성향 : $\dfrac{\triangle C}{\triangle R} = \dfrac{저축의\ 편차}{소득의\ 편차}$

그러므로 소비재에 대한 수요는 전체 수입과 저축의 주변적 성향에 의해 결정된다.

● **생산재에 대한 수요 또는 투자 수요의 수준은 이자율과 투자의 할인 수익에 의해서 결정된다.**

— **이자율**, 즉 돈에 대한 사용료는 현금의 수요와 공급 사이의 작용에 의해서 결정된다. 우리가 위에서 본 것처럼 현금에 대한 수요는 경제 체계의 주체들에 의한 거래의 동기, 경계의 동기, 투기의 동기에 상응하는 유동성에 대한 선호도와 함수 관계를 이룬다. 화폐의 공급은 화폐 정책에 의해서 이루어진다. 화폐 관련 기관(정부, 중잉은행)은 그들의 전체적인 경제 정책 전략을 고려하여 화폐 발행을 결정한다.

— **투자의 수익** 또는 채산성은 기업가의 결정을 인도하는 네 가지 변수에 의해서 결정된다. 투자 결정은 우선 기업가의 관심을 끄는 생산 분야에 기존하는 자본의 크기를 그 근원으

로 삼는다. 기업가는 또한 그 분야에 이미 존재하는 자본 사용의 강도를 연구할 것이다. 장비들이 이미 많이 있고, 저사용(기계가 그 능력의 최대치까지 사용되지 않는 것)되는 생산 능력이 존재한다면 투자 의욕은 약할 것이다.

그런데 투자의 채산성은 결코 단기적으로 평가되지 않는다. 기업가들은 자신의 투자 전략 안에서, 새로운 생산재들의 채산성을 그 생산재들이 수명이 다하는 전 기간을 통해서 고려할 것이다. 그러므로 그 시점의 경제 활동, 그리고 생산과 소비의 변화가 투자 결정을 가속화시킬 수도 억지시킬 수도 있다. 불황, 소비의 위축은 새로운 투자 실현의 전망을 결코 가져다 주지 않는다. 반대로 발전 주기의 초반이나 경제적 붐이라는 기회는 기업가들에게는 새로운 투자의 호기로 여겨진다.

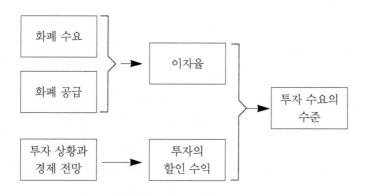

고용의 규모를 함께 결정하는 것은 소비 성향과 투자액이다. 그리고 실질임금을 단독적으로 결정하는 것은 고용 수준이다. 그러나 그 역은 성립하지 않는다. 소비 성향과 새로운 투자액

이 불충분한 실질 수요를 창출한다면, 고용의 실질 규모는 노동 공급보다 더 적을 것이다.[29]

■ 케인스는 일반 이론의 핵심 요소가 되는 증식 이론(théorie du multiplicateur)을 리처드 칸으로부터 빌려 온다.

유효 수요의 증가는 수입에 대해 승수적 효과를 발생시킨다. 즉 유효 수요의 증가율보다 더 높은 수입의 증가율을 가져온다. 유효 수요의 핵심적 요소인 투자의 경우가 바로 그렇다. 장비를 위한 추가적인 지출은 최초의 투자 비용(= I)보다 더 많은 국민 소득(= Y)의 증가를 가져온다. 그러므로 우리는 다음과 같은 공식을 갖는다.

$$Y = k \times I$$

여기에서 k는 Y와 I를 연결하는 곱셈 지수이다.

민간(또는 공공) 투자가 1억(= 1백) 정도 증가하면 소비와 저축(R+C+E)으로 나누어지는 1억의 수입 증가가 생긴다. 소비와 저축의 배분율은 소비의 주변적 성향에 의해 결정된다. 이 비율이 0.75 대 0.25라고 가정하면, 우리는 일차적으로 100 × 0.75=75라는 소비량을 얻는다. 7천5백만이 소비되면, 이는 다시 그 소비 금액을 얻는 경제적 주체들에게는 소득이 된다. 소비에 있어서 동일한 주변적 성향이 유지된다고 가정하면, 우리

---

29) *Ibid.*

는 75×0.75=56.25란 소비량을 얻게 된다. 이런 곱셈의 과정
은 아홉 번 반복된다. 그러므로 최초 1억의 투자 덕택으로 얻
게 되는 국민 소득은 다음과 같다.

$$100 = 0.75 \times 100 + 0.75(0.75 \times 100)$$
$$+ \ldots + 0.75\,n \times 100.$$

400이 이 일련의 과정의 한계라고 가정하면, 최초의 100의
투자에 의해서 얻게 되는 국민 소득의 증가는 400 정도 된다.
그러므로 곱셈 지수(k)의 값은 4가 된다.

3. 고전주의 학파와는 완전히 단절을 한 케인스는 경제 위기 때에는 공권력이 적극적으로 개입할 것을 권장한다.

경제 정책은 경제가 최대 고용 상태로 다시 돌아가도록 만
들어야만 한다. 그리고 예산과 화폐라는 무기는 경제 상황의
조절이란 목적을 위해서 사용될 수 있다.

■ 국가 기능의 확대는 경제적 제도의 파괴를 피하는 유일
한 수단이다. 경제 위기, 불황, 실업 앞에서 공권력은 완전 고
용의 회복을 가능하게 하는 경제 정책을 수행해야만 한다. 이
는 조세 정책을 통해서 소비 성향이 높아지게 돕고, 이자율의

결정을 통해서 투자를 지탱하고 발전시키는 것이다. 국가는 집단적 체계의 이익을 위해서 시민 사회가 사라지지 않게 하면서 경제적 균형과 성장을 보장하는 방식으로 시장의 자발적 체계가 지니는 임무를 대신 맡는다. 케인스는 사회주의 국가를 믿지 않으며, 국유화 원칙에 대해서 호의적이지 않다. 국가는 생산 수단을 소유할 필요가 없다. 공권력이 시민 사회를 지탱하기 위해서 개입해야만 한다면, 그것은 단지 한시적이어야만 한다. 완전 고용으로의 복귀가 일단 이루어지면 국가의 개입은 중단되고, 시장이 그 권리를 되찾아야만 한다.

■ 조세 정책과 공공 지출을 합쳐 놓은 **공공 재정**은 경제 행위의 활성화를 이끌어 내야만 한다. 공공 지출에 관한 한 케인스는 지출이 조세 수입과 같아야만 한다는 고전주의자들의 소중한 '예산 정통론'에 반대한다. 국가는 국가가 받는 것 이상으로 지출하지 않으면서 모범을 보여야만 한다는 고전주의자의 태도는 케임브리지의 거장 케인스에 의해서 버려진다. 왜냐하면 예산 균형을 목적으로 한 공공 지출의 축소는 불황, 그리고 실업을 가중시키기만 할 뿐이기 때문이다. 그러므로 케인스로서는 경제 활동을 지탱하기 위해서 예산 적자를 무릅쓰고서도 공공 지출을 늘리는 것이 바람직하게 보인다. 불황과 실업의 해소는 결국 활동 소득 위에 앉아 있는 조세 수입의 증가로 인한 균형 재정의 회귀를 낳게 되는 것이다.

대형 토목 공사나 건축 공사 정책, 공공 교육과 건강을 위한 예산의 증액 책정, 소외 계층을 위한 소득 재분배 노력은 경제를 활성화하는 방법이 된다. 경제적 효율성은 사회적 정의와 결합한다. 경제 정책은 사회 정책과 겹쳐진다. 이런 측면에서 케인스는 같은 영국인인 윌리엄 베버리지와 함께 복지 국가의 창시자로 여겨진다.

재무부가 낡은 병을 은행권으로 채우려 한다면, 그리고 그 병들을 도시의 쓰레기들로 가득 찬 용도 변경된 탄광 속의 어느곳에 적당한 깊이로 묻고 사기업들에게 다시 이것들을 채굴하게 허락하려 한다면 (…) 실업은 사라질 수 있을 것이다. 그리고 그 반향을 고려하면, 한 공동체의 실제 소득과 자본은 실제보다 더 많은 것으로 느껴질 것이다.[30]

■ 이자율은 투자를 활성화하고, 결과적으로 고용을 증대하는 방식으로 낮아져야만 한다. 공권력(중앙은행)에 의해서 결정되는 화폐 공급은 이자율을 낮게 하기 위해서 더 늘릴 수 있다. 우리는 다음의 이중적인 관점에서 이 거시경제학적 전략의 유효성을 볼 수 있다.

— 이자율을 내리는 것은 기업의 대출 비용을 경감시키고, 그러므로 기업으로 하여금 신규 투자를 할 수 있게 부추긴다.

— 유동성의 증가는 수요가 표출되기에 유리한 소득의 증가를 낳는다. 이는 기업의 투자를 끌어내기에 유리한 신뢰의 분위기를 만들어 낸다.

---

30) *Ibid*.

이런 경제 정책이 인플레이션을 유발하는 것은 아니다. 왜냐하면 기업 차원에서 사용되지 않고 있는 생산 능력이 존재하고, 경제가 저고용 상태에 놓여 있기 때문이다. 케인스는 가격의 인상은 근본적으로 수요와 공급 사이의 불균형에 의해서 이루어진다고 본다. 화폐량의 증가는 그러므로 결코 인플레이션을 유발하지 않고, 생산 기재들은 수요의 요구에 응답할 수 있다.

사 후

케인스의 분석은 1차 오일 쇼크 이후로 산업 국가들이 겪은 경제적 위기를 얼마나 설명해 낼 수 있는가? 케인스식의 정책이 여전히 지금도 유효한가?

케인스식으로 말을 하면, '현재의 경제 위기' 는 저고용과 경제 위기를 낳는 자본의 과잉 축적에 의해서 설명된다. 그러나 케인스의 경제 부흥 정책은 외부적 제약에 부딪힌다.

■ 과잉 투자는 위기의 원인이 된다. 위대한 30(1945-1975) 년의 시기는 전례 없는 기업 자본의 증가로 특징지어진다. 투자 속도의 가속하는 노동 생산성의 높은 증기의 자본에 의한 노동의 심각한 대체 현상으로 해석되었다. 점점 더 많은 생산을 하기 위해서 점점 더 적은 노동 요소 단위들이 필요하였다. 프랑스 경제의 예를 들자면 농업과 제조업 분야에 있어서 기계에 의한 인력의 대체는 잠재 노동력을 해방시켰고, 이 해방

된 잠재 노동력은 1968년까지는 서비스 분야에 흡수되었음을 볼 수 있다. 1968년 통계에 의하면, 그해 3차 산업은 프랑스 경제 활동 분야 중에서 제1위가 되었다. 바로 그 순간부터 실업률이 점진적으로 상승하기 시작한다. 3차 산업이 노동력을 최대한도로 흡수하게 되는 그 시점에 노동력은 자본에 의해 대체된다. 이는 체계적으로 컴퓨터공학 기술을 이용하려 하는 현상에서 잘 드러난다. 초과 노동력(고용 시장에 이제 막 나온 젊은이, 전문직을 찾는 여성, 이민노동자)은 다시 실업 상태에 처한다.

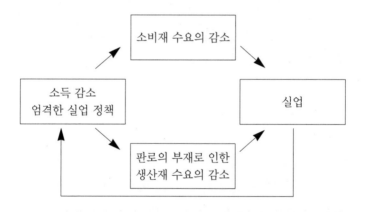

임금과 이윤 간의 분배에 관한 상대적인 긴장은 1970년대에 심화된다.

— 노동자와 노조는 임금 인상을 끊임없이 요구한다.

— 기업의 부담은 투자 비용으로 인해 증가한다.

임금-이윤 분배의 딜레마는 1970년대의 인플레이션을 낳는다. 그리고 이 인플레이션은 원유 가격의 인상으로 더욱더 심화된다. 1980년대의 제한 정책(이자율의 인상, 재정 적자를 없애려는 의지, 임금 동결)은 결과적으로 수요의 감소를 가져왔고, 이는 실업을 가중시켰다. 이렇게 경제 위기의 악순환이 이루어진다.

■ 1975년 자크 시라크에 의한, 그리고 1981년과 1982년 피에르 모르와에 의한 프랑스의 경제 부흥 정책의 실패는 케인스식 정책의 실효성에 대해 의문을 제기하게 만들었다. 프랑스의 투자에 의한 경제 부흥의 시도(1975)와 소비를 통한 경제 부흥의 시도(1981)는, 결과적으로 인플레이션의 증가와 국제 교역의 적자 등으로 인해서 경제 균형의 악화를 낳았다. 거시 경제적 규제의 목적을 위해 공공 자본을 경제 정세적으로 이용하는 것은 외부로부터 오는 제약의 무게에 부딪힌다. 이 외부의 제약이란, 한 나라의 경제가 국제적으로 점점 더 개방됨에 따라 국제 경제에 대한 의존도가 증가하는 것으로 특징지어질 수 있다.

케인스의 이론은 폐쇄 경제, 또는 일시적인 보호주의에 의해서 외부로부터 보호받는 경제를 기반으로 하고 있다. 그러나 이는 이제 더 이상 오늘날 산업화된 국가들의 상황이 아니다. 1945년 GATT 협정의 체결, 다자간 무역 협정의 체결이 상당한 폭의 관세율 인하를 가져왔다. 그리고 각 국가들은 그들의 경제를 국제화했다. 국가의 경제 부흥 전략에 의해서 이루어지는 수요의 증가는 제3세계 국가들로부터 유입되는 수입에 의존함으로써 만족될 수 있다. 특히 이 수입 제품들이 자국의 제품에 비해서 우월한 가격 경쟁력을 지닌다면 더욱더 그러하다. 그러므로 한 국가의 경제 부흥은 고용 창출과 외화의 유입이라는 형태로 경쟁 국가들에게 유익을 갖다 준다.

1980년대는 세계 경제의 심화된 지역화로 특징지어졌다. 제2차 세계대전 그 다음날부터 유럽에서 시작된 경제 통합의 과정은 회원 국가들의 통화 및 경제 정책의 상호 조화라는 기초 위에 있는 단일한 시장의 창설을 이끌어 냈다. 경제 및 통화 연합의 실현은 비용 안정도, 공공 적자, 마스트리히트 협약에 의해 정해진 환율에 관한 수렴의 척도를 잘 지켜 나가는 것을 전제한다. 그러므로 이런 결속은 유럽의 개별 국가들이 경제 부흥에 관한 독자적인 정책을 취하는 것을 방해한다. 그리고 이런 엄격한 정책을 추구하다 보니 실업을 줄이려는 시도에는 등한시하게 된다.

그렇지만 유럽의 단일한 시장은 이를 구성하는 국가들간의 협력된 경제 부흥의 틀로 사용될 수 있을 것이다. 엄격하게 국가적인 차원의 경제 부흥은 이제 생각할 수 없게 되었다면, 유럽 경제 전체의 발전을 위한 도모는 가능한 것처럼 보인다. 왜냐하면 유럽 국가 전체에 대한 외부적 규제는 개별 국가 차원에서의 유럽 각 국가에 대한 규제보다는 일반적으로 약하기 때문이다. 그렇지만 이런 전략은 반드시 유럽의 정치적 의지를 필요로 한다.

VII. 조지프 앨로이스 슘페터
주기와 개혁의 이론가

조지프 앨로이스 슘페터는 1883년 모라비아의 트리에스흐에서 태어나며, 이 해는 마르크스가 죽고 케인스가 태어난 해이기도 하다. 빈에서 사회학과 경제학을 공부하면서, 오이겐 폰 뵘바베르크(오스트리아 신고전주의 학파의 창시자들 가운데 한 사람)의 가르침을 받는다. 이후 그는 체르노비치대학교와 그라츠대학교의 교수로 활동하며, 제1차 세계대전 후에는 정치계에 들어가 재무장관직을 역임하기도 한다. 또한 재계로 들어가서 한 대형 은행의 은행장이 되기도 하지만, 이 은행은 1924년 파산한다. 그리하여 다시 대학으로 돌아간 그는 처음에는 독일 본대학교에서, 이후에는 미국 하버드대학교에서 강의를 한다. 1932년부터 1950년까지 미국 하버드대학교에서 강의를 하다가 일생을 마쳤다.

슘페터의 저서는 막스 베버의 독일 사회학과 카를 마르크스의 경제학을 강하게 반영하고 있다. 순환 이론을 해석한 슘페터는, 그 동력이 기업가의 역할과 기술 혁신의 전파에 기초하는 자본주의 체계의 변화와 불균형의 이론가로 정의된다.

[주요 저서]

《경제 발전 이론》(1912)

《경기순환론》(1939)

《자본주의, 사회주의, 민주주의》(1942)

1. 기술 혁신의 근원인 사업가는 경제 혁명가이다.

● 기업가는 노동력과 고정 자본을 가지고서 **새로운 생산조합을 실현한다.** 기업가는 새로운 것을 발명하는 지식인은 아니다. 그러나 기업가는 새로운 생산 수단을 혁신적인 방식으로, 그리고 그 혁신적인 방식이 더욱더 유익할 수 있는 방식으로 사용하는 사람이다. 슘페터의 기업가는 그만큼의 위험을 무릅쓰지 않고서 자신이 투여한 자본의 과실을 따려고 하는 자본가와는 다르다. 자본가는 의심이 많아서 기술 혁신을 회피하는 경향이 있다. 기업가는 경영자도 아니다. 경영자는 재정의 균형을 맞추는 데에 골몰하며 경제 재화를 단순히 경영하는 사람이다. 슘페터에게 있어서 기업가는 남이 간 길과는 멀리 떨어져서 '흐름에 역행하며 헤엄치는' 사람이다. 기업가는 경제적 변화를 일으키는 요소이다.

● **슘페터**는 저서 《경제 발전 이론》(1912)에서 **다섯 가지 형태의 기술 혁신**을 제시한다. 기술 혁신은 투자나 기술 발전을 산업에 적용하는 것 정도로 한정되지 않는다.

― 새로운 재화의 생산 또는 하나의 구(舊)제품을 완전히 다른 제품으로 만드는 새로운 특성의 추가에 의한 구제품의 변형.

― 새로운 생산 방식의 도입. 이것이 반드시 중요한 과학적 발견에 기초할 필요는 없다. 그것은 새로운 상업적 절차일 수도 있다.

― 이전까지 고려의 대상이 되지 않았던 시장으로 새로운 판로를 개척.

― 원자재의 새로운 원천의 발견.

― 생산의 새로운 조직화의 실현. 그러므로 슘페터는 과점적인 시장의 출현, 또는 기업 집중이 가져오는 이익을 우리에게 상기시킨다.

● **이윤은 기업가를 위한 보상이다.** 이전보다 더 혁신적인 새로운 생산조합의 실현은 가치의 잉여, 즉 이윤을 가져온다. 그러므로 이윤은 기술 혁신을 실현시킨 근원인 '역동적인 기업가'를 위한 보상이다.

그런데 그들은 무엇을 했는가? 그들은 상품을 축적시키지는 않았다. 그들은 독창적인 생산 수단을 만들지도 않았다. 그들은 기존의 생산 수단들을 나르게, 좀더 합당하고 좀더 유익한 방식으로 사용하였다. 그들은 '새로운 조합을 실현시켰다.' 그들은 기업가이다. 그리고 그들의 이윤, 즉 모든 채무를 변재하고 남는 잉여는 기업가들의 이익이다.[31]

기술 혁신으로 생기는 이익은 항구적인 성격의 수입원은 아니다. 예를 들어 시장에 새로운 상품을 막 내놓은 기업가-개혁가는 아주 한정된 시간 동안만 시장에서 그의 우월한 지위를 누릴 것이다. 그는 단지 단기적으로만 독점의 지위를 누릴 것이다. 실제로 한 기업가가 이런 새로운 경제 활동으로 큰 이익을 얻게 되면, 다른 기업가들도 이에 고무되어 이 새로운 제품을 자신들도 생산하고자 뛰어들게 될 것이다. 그러므로 새로운 경쟁자들은 이 제조업 전체에 있어서 이익의 폭을 줄게 만든다.

● **그러나 기업가의 기능, 그리고 이것과 함께하는 기술 혁신**은 오늘날의 대기업들에 영향력을 행사하는 변화들로 인해서 **쇠퇴할 수 있다**. 기업 규모의 증가는 기업가-혁신가가 사라지게 만들 위험이 있다. 거대 기업은 분업, 기능의 분절, 그리고 결정 과정의 '일상적 절차화'를 경험한다. 슘페터에게 있어서 기업가의 사회적 기능은 오늘날 우리가 '연구-발전(= R & D)'이라고 부르는 것의 제도화에 그 자리를 양보한다. 기술적 발전은 거대 회사의 사령부를 위해서 일하는 전문가 팀의 일이 된다. 이 전문가 팀들은 그 일에 완전히 매달리고, 어떤 자율성도 요구할 수 없다. 그러므로 비개인화와 관료주의가 개인적 발의를 대신한다.

기업가들을 많이 배출한 부르주아 계층 역시 그들이 근원을

---

31) 조지프 앨로이스 슘페터, 《경제 발전 이론》(1912).

이루는 자본주의 경제 구조의 변천에 의해서 시대에 뒤떨어지게 되었다. 부르주아는 주주의 지위로 한걸음 물러서고, 오직 주식배당금이 오르기만을 기대하는 처지가 되면서 경제적 지도력을 상실했다.

완벽하게 관료주의화된 거대한 산업 단위는 중소기업의 소유자들에게서 중소기업들을 '수용하면서' 중소기업들을 제거할 뿐만 아니라 결국 기업가들을 제거하고, 이런 과정을 통해서 수입뿐 아니라 더욱더 심각하게 그 존재 이유까지 잃을 운명에 처한 계급인 부르주아까지도 자신의 소유물로 수용한다.[32]

2. 기술 혁신은 성장의 근원이자 경제 위기의 요인이다.

■ 기술 변화는 경제 구조와 사회 구조를 변화시킨다.

● 기술 혁신은 창조적인 파괴의 과정으로 특징지어진다. 자본주의는 끊임없이 움직이는 경제 체계이다. 그것은 결코 정체해 있지 않고, 앞으로도 그렇지 않을 것이다. 그것의 핵심은 슘페터의 표현을 빌리자면, 낡은 요소들을 파괴하고 새로운 것들을 창조하면서 경제 구조 내부를 끊임없이 개혁하는 계속

---

32) 조지프 앨로이스 슘페터, 《자본주의, 사회주의, 민주주의》(1942).

적인 변화이다. 그러므로 실제 경제의 작동을 점검하면서 그 안에서 어떤 안정성을 찾으려는 것은 무의미한 일이다. 경제적 변화를 자본주의의 동력으로 보는 그의 견해는 자본주의가 시장이라는 유일한 힘에 의해서 자동 조절되는 순환이라는 견해와는 대립된다. 기업가는 기술 혁신의 적용을 통해서 경제 체계의 요소 전체를 혼란시키는 새로운 동력을 도입시킴으로써 경제 균형을 깬다.

● **기술 혁신은 '무리'를 지어 나타난다.** 기술 혁신은 결코 단독으로 나타나지 않는다. 하나의 기술 혁신은 늘 여러 개의 기술 혁신이 모여 있는 하나의 기술 혁신 집단에 속해 있다. 정보공학의 전파에 관한 최근의 예는 기술적 무리에 관한 슘페터의 명제를 잘 예시해 준다. 군수 물자의 생산, 관료주의, 대중을 위한 정보공학, 10년이란 기간 동안 연이어 나오면서 결과적으로 우리의 생산 방식, 노동 방식, 소비 방식을 변화시킨 그만큼의 신제품들. 경제 성장의 매개체가 되는 것은 바로 이런 동력을 일으키는 하나의 기술 혁신 주위에서 일어나는 공동 작용이다. 왜냐하면 이 공동 작용은 투자 고용, 그리고 소비자의 수요를 조건짓기 때문이다.

■ **불연속적인 현상인 기술 혁신은 경제 성장의 불규칙성으로 나타난다.** 기술 혁신을 가져오는 기업가가 늘 출현하는 것은 아니다. 바로 그래서 기술 혁신은 간헐적으로 일어나고, 경제 성장 역시 항시적으로 이루어지지는 않는다. 첫 단계에서,

기술 혁신은 경제 성장을 이끌어 내면서 그것의 긍정적인 효과를 느끼게 한다. 이 번영의 단계에서는 투자 증대와 최대 고용이 이루어진다. 두번째 단계에서, 무리를 이루는 기술 혁신들은 경제 구조의 안정을 무너뜨리는 효과를 갖는다. 이는 기업의 파산, 경제 활동 흐름의 추락, 실업을 동시에 서로 연결시키는 '창조적 파괴'의 절정의 순간이다. 슘페터는 서로 중복되는 세 범주의 주기를 원용하면서, 기술 혁신이 성장과 침체의 요인으로 작용하는 경제적 성장의 주기적 성격을 설명한다.

— 러시아 경제학자 니콜라이 콘드라티예프(1892-1930)가 만든 **장기 주기 또는 콘드라티예프 주기**. 이 주기는 50년인데, 그것은 다시 25년간 지속되는 A와 B 두 단계로 나누어진다. A 단계는 생산의 증가와 가격 상승이 이루어지는 단계이고, B 단계는 생산 감소와 가격 하락이 이루어진다.

— **중기 주기 또는 쥐글라르 주기**. 이 명칭은 프랑스 경제학자 클레망 쥐글라르(1819-1905)에서 나왔다. 이 주기는 성장, 위기, 침체, 재개의 네 단계로 나누어진다. 이 주기는 약 10년 정도 지속된다.

— **단기 주기 또는 키친(Kitchin) 주기**. 이 주기는 특히 미국에서 관찰되었는데, 40개월간 지속된다. 이 주기는 성장 기간 중 나타나는 활동이 둔화, 그리고 침체 기간숭 나타나는 침체의 심화로 특징지어진다.

서로 중첩되는 이 세 주기는 경제 성장의 불규칙성, 그리고 성장과 침체 단계가 교대로 나타나는 것을 설명해 준다. 콘드라티예프 주기 중 A 단계의 출발은 생산 체계를 뒤흔들어 놓는 역동적인 기술 혁신의 출현으로 특징지어진다. 슘페터는 직물 공업의 변화와 증기 기계의 전파를 갖고서 1798-1815년 기간의 경제 성장을 설명하고, 철도와 제련업을 갖고서 1848-1873년 기간의 경제 발전을 설명한다. 또 그는 1896-1914년 기간의 경제 성장을 설명하기 위해서 전기와 화학을 들고 있다.

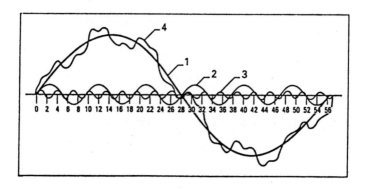

제1곡선 : 장기 주기
제2곡선 : 중기 주기
제3곡선 : 단기 주기
제4곡선 : 제1곡선, 제2곡선, 제3곡선의 합

출전 : J. 슘페터, 《경기순환론》

사 후

1970년대 중반부터 관찰되는 경제 성장의 둔화가 슘페터의 분석으로 과연 설명될 수 있을까?

위대한 30년의 기간 동안 이루어진 높은 고용률과 성장률은 수많은 기술 혁신의 출현으로 설명된다. 이 기술 혁신은 생산 과정의 조직화(생산 과정의 기술 혁신)를 통해서 드러날 뿐 아니라 각 가정에서 이루어지는 최종 소비를 위한 제품들(제품의 기술 혁신)을 통해서도 나타난다. 이렇게 제2차 세계대전 이후의 수십 년 동안 경제의 순순환이 이루어졌다. 기술 혁신을 통해 나온 새로운 제품들(텔레비전, 자동차, 가전제품)의 공급은 생산성의 발전이 허용하는 임금의 인상에 의해서 확대된 수요의 성장에 호응했다. 그렇지만 1970년대 중반은 경제 성장에 관한 한 경향성의 반전을 보인다. 슘페터의 영향을 받은 경제학자들은 이런 성장의 둔화가 콘드라티예프 주기의 B 단계에 속한다고 본다. 이 단계는 다음 세 방식으로 특징지어진다.

— 기술 혁신의 고갈을 목도하게 된다. 대량 소비를 촉발했던 제품들은 이제 거의 모든 가정들에 의해 소유되고 있다. 내구재의 소유 비율은 거의 최대 한계에 다다랐다. 냉장고나 자동차의 공급이 그동안 행했던 경제 동력의 창출이 경제 활동을 활성화시킬 수 있는 새로운 일련의 제품 공급에 의해서 계속적으로 이어지지 못했다.

— 새로운 경쟁자들, 예를 들어 동남아시아 개발도상국들의 출현으로 인해서 전후 기술 혁신에 뛰어들었던 기업들의 이익이 줄어들었다.

— 공정의 기술 혁신과 같은 기술 발전의 파괴적 효과는 고용 차원에서 체감된다. 그러므로 실업이 발생하고, 실업의 효과는 수요의 감소로 나타난다.

경기 침체와 그것이 지니는 부정적인 효과는 투자와 고용,

그리고 성장을 회복시켜 주는 일련의 새로운 기술 혁신의 도
래로 타개할 수 있다. 그러므로 정보 관련 기술은 금세기초의
새로운 성장 모델의 기반이 될 가능성이 있다.

2

위대한 사회학자들

I. 알렉시 드 토크빌
민주주의의 귀족

알렉시 드 토크빌은 1805년 프랑스 파리에서 태어나 1826년 법대를 졸업한 후, 이듬해 베르사유 재판소의 배석 판사로 임명된다. 1831년 미국과 프랑스의 형벌 제도를 비교하기 위해 미국으로 유학을 떠나며, 이후 정치계로 들어가 1839년 하원의원이 되고, 제2공화정 시절에는 루이 나폴레옹 보나파르트의 외무장관이 된다. 1851년 12월 2일 발생한 쿠데타에 반대하여 공직 생활을 떠난 그는, 1859년에 그 생을 마쳤다.

알렉시 드 토크빌은 비교주의 사회학자로 여겨질 수 있다. 그는 '민주 사회'라는 모델을 갖고서 미국이나 유럽의 경우를 살펴보면서 민주주의 체제들 사이에 존재하는 차이점을 밝힌다. 또한 그의 역사적 연구들은 앙시앵 레짐(= 프랑스 대혁명 전 구체제)의 사회정치적 구조와 혁명 이후 시대의 사회정치적 구조를 비교하면서 프랑스 사회의 민주화 과정이 연속적임을 강조한다.

[주요 저서]

《미국의 민주주의》(1835-1840)

《앙시앵 레짐과 프랑스 혁명》(1856)

1. 사회의 현대화는 민주주의의 도래를 낳는다.

■ 민주 사회는 제 조건의 평등, 자유, 그리고 사회 각 구성원들의 힘에 기초한다.

● **민주화의 과정**은 개인들의 평등에 기초한 사회 구조의 재편 과정이다. 토크빌에게 있어 민주주의는 권력의 분립과 국민 투표에 기초한 하나의 특별한 정치 체제 형태 정도로 한정되지 않는다. 민주주의는 정치에만 관련된 것이 아니다. 그것은 무엇보다 인간 사이에 평등 관계로 특징지어지는 사회 조직의 어떤 상태를 말한다. 계급 사회나 계층 사회와는 반대로, 민주주의는 지위의 세습이나 개인 사이에 존재하는 제도적 차원의 차이에 대한 철폐를 전제로 한다. 제 조건의 평등은 근본적으로 다음 두 양상으로 나타난다.

— 법에 의한 평등의 법률적 확립;

— 사람은 모두 다 비슷하다는 생각을 각 사람의 마음에 심어 주는 평등의 정신.

사회적 관계는 제 조건의 평등으로 인해 변화되어 나타난다. 사주-노동자의 관계와 같은 종속적 관계는 이제 앙시앵 레짐 시대에 영주-농부 사이의 대립이 바로 그랬던 것처럼 다른 층위에 속하는 개인들 사이의 대결로 나타나는 것이 아니라 분업이 낳은 기능적 차원의 조직화의 한 양상처럼 펼쳐진다.

그렇지만 권리의 평등은 권력이나 권위, 재산, 수입의 평등한 분배를 의미하는 것은 아니다. 토크빌에게 있어서는 개인이 소유한 자산의 차이가 현대 사회의 평등적 경향과 모순되는 것으로 여겨지지 않는다. **실제로 그에게 있어서 민주주의는 하나의 정신 상태이다.**

우리는 아직까지 부자도 빈자도 없고, 주인도 종도 없을 만큼 모든 조건이 평등한 사회를 본 적이 없다. 민주주의는 이런 두 부류의 사람들이 존재하지 못하게 하는 것은 아니다. 다만 민주주의는 그들의 정신을 바꾸고, 그래서 그들간의 관계를 변화시킨다.[33]

● **제 조건의 평등은 개인 자유의 근원이다.** 개인적 열망들이 선조들에 대한 존경과 전통의 무게에 의해서 압살되었던 앙시앵 레짐 시대를 특징지었던 대인 관계와는 반대로 민주사회는 자유의 체제를 구축한다. 토크빌에게 있어서 자유는 현대 사회의 탁월한 가치이다. 자유는 그 실행이 권력, 즉 정치의 조직화에 의해서 체계화되는 역사적 필요처럼 나타난다. 자유

---

33) 알렉시 드 토크빌, 《미국의 민주주의》(1835-1840).

는 자의적 권위가 사라짐, 즉 '나라님의 처사'가 사라짐을 전제로 한다. 따라서 권력은 법에 따라서만 행사될 수 있다. 이와 더불어 권력을 제한하는 제도를 만드는 일이 필요해지고, 아울러 권력을 견제하는 대항 권력이 자유와 민주주의에 필요 불가결하게 나타난다. 토크빌은 권력이 권력을 멈추게 해야만 한다고 생각한 몽테스키외(1689-1755)의 영향을 받았다. 그래서 그는 결정을 내리는 특권을 지닌 사회체는 자유와 민주주의 정신과는 부합되지 않는 절대 권력의 출현을 막을 목적으로 서로 균형을 이루는 정치 기구와 행정 기구를 지녀야 한다고 여긴다.

● **정치적 측면에서의 민주 정부가 사회적 측면에서는 제 조건의 평등에 해당한다.**

평등한 사회는 주권이 국민들에게 있는 정치 체제를 함의한다. 모든 인간이 법 앞에서 평등한 이상, 아무도 개인 자격으로 한 국가의 운명을 좌지우지하는 특권을 지닐 수 없다. 통치자를 선택하는 데에 모든 사람들이 참여하는 것은 대의 민주주의의 존재 조건 중 하나이다. 대의 민주주의란 국민이 자유롭게 선출된 대표자를 매개로 자신의 권위를 행사하는 제도이다.

2. 사회 발전의 요인인 민주주의는 사회체 내의 새로운 긴장의 근원이 되기도 한다.

■ 현대 사회의 민주화는 부정적인 효과를 낳는다.

● 제 조건의 평등은 **좌절감**의 표출로 나타난다. 법률적 평등에 의한 사회 구조의 민주화는 재능의 차이, 사회적 성공에 있어서의 차이, 재산의 차이를 없애 주지는 않았다. 정치적 민주주의의 도래를 가져온 자유 혁명이 이루어진 것과 동시에 시장에 재화와 용역이 더 많이 있게끔 한 산업 혁명이 이루어졌다. 형식적 평등과 권력, 권위, 재산 취득에 있어서의 실질적 불평등 사이에 존재하는 편차는 일견 모든 사람에게 열려 있는 것을 얻지 못하는 사람들에게는 피할 수 없는 좌절감을 느끼게 만든다. 계급 사회에서는 이런 '상대적 박탈감' 현상이 존재하지 않았다. 왜냐하면 집단적 자산에 대한 접근이 개인의 계층적 위치에 의해서 결정되고, 각자는 태생에 의해서 그 자신에게 부여되는 것만을 소유할 희망을 가질 수 있었기 때문이다. 그러므로 민주 사회는 더 많은 부를 바랄 수 있는 근원이고, 사회적 조건의 평등화에 대한 끊임없이 증가하는 요구를 희망할 수 있는 근원이다.

그러므로 우리는 한 민족의 사회적 상태와 정치 체제가 아무리 민주적이라고 하더라도 각 시민은 항상 자신 가까이에 자신을 지배하는 다양한 것들이 존재한다는 사실을 알아차릴 수 있다고 생각한다. 그리고 우리는 각 시민이 집요하게 그런 측면으로 자신의 시선을 돌릴 것이라는 바를 예측할 수 있다. 불평등이 한 사회의 공통 법칙일 때는, 가장 강한 불평등들도 사람들의 눈에 들어오지 않는다. 반면에 모든 것이 거의 평등한 수준일 때는, 가장 작은 불평등도 사람들에게 상처를 준다. 그렇기 때문에 평등에 대한 욕구는 평등이 증가함에 따라 항상 더 커지는 것이다.[34]

● 민주 사회는 전제주의의 출현, 즉 시민 사회에 대한 국가의 지배가 이루어지는 것을 도울 수 있는 **개인주의**를 동반한다. 귀족 사회처럼 민주주의 정신이 지배하지 않는 사회에서는 사회적 관계가 각 개인이 처한 위계적 위치가 어떠하든간에, 각 개인을 서로 연결하는 상호적 의무의 관계에 의해서 구성되는 일종의 연대성에 그 기초를 두었다. 사회적 행위자들은 자신이 공동체 집단에 속함으로써 얻을 수 있는 이점들을 지녔었다. 같은 교구, 같은 직업조합, 같은 마을에 속해 있는 사람들을 한데 모으는 사회적 유대가 바로 그러했다. 토크빌은 앙시앵 레짐하의 프랑스 사회의 예를 들면서, 당시 귀족 사회가 모든 개인들을 가지고 농부에서 왕에까지 이르는 긴 고리를 만들었음을 보인다. 민주주의 국가에서는 이런 것이 존재하지 않는다. 제 조건의 평등화는 개인주의가 우세한 사회를

---

34) *Ibid.*

만든다. 각 개인은 사회성의 좁은 원(가족, 친지) 안에서 사회 체로부터 스스로를 고립시킨다. 이런 경향은 한 국가의 일이나 관심사에 대한 무관심이나 멀어짐으로 나타난다. 엄격하게 개인적인 행동들의 합은 결과적으로 국가라는 혹을 만든다.

　나는 전제주의가 오늘날 이 세상에서 어떤 새로운 모습을 갖고서 나타날 수 있는지를 상상할 수 있다. 나는 그것들을 갖고서 그들의 영혼을 채우는 작고 천박한 기쁨을 얻기 위해서 쉼 없이 그들 자신만을 돌아보는 비슷하고 평등한 수많은 사람들의 무리를 본다. 이들은 각자 홀로 떨어져서 다른 사람들의 운명에 대해서는 무관한 것처럼 존재한다. 그들의 자식과 친구들은 그에게 있어서는 이 세상에 존재하는 모든 인류나 마찬가지이다. 그 자신 안에서, 그리고 그 자신만을 위해서 모든 것이 존재하는 것이다. 그에게 여전히 가족은 남아 있다 하더라도 그에게 적어도 조국은 존재하지 않는다고 말할 수 있다.[35]

제 조건의 평등이 사회적 관계의 후퇴와 결합되면 공적인 일의 조직을 국가에 맡기게 되는 사태가 벌어진다. 이처럼 평등에 대한 욕망과 자유에 대한 욕구 사이의 토크빌식 딜레마가 나타난다. 더 많은 평등은 정치적 권력의 강화를 필요로 한다. 그래서 민주 사회는 전제 정치를 낳는다. 그리고 인간은 리바이어던(= 거대한 해양 괴물)들 중에서 가장 무서운 괴물의

---

35) *Ibid.*

손아귀에 들어간다.

(…) 그것은 의지를 부숴 버리지는 않는다. 그렇지만 그것은
의지를 약화시키고, 꺾고, 어떤 방향으로 인도한다. 그것이 행
동을 강요하는 법은 거의 없다. 그러나 끊임없이 사람들이 행
동하는 것에 반대한다. 그것은 아무것도 파괴하지 않는다. 그
러나 어떤 것도 탄생하는 것을 막는다. 그것은 독재를 행하지
않는다. 그러나 그것은 각 나라를 축소시키고, 피곤하게 하고,
퇴색하게 하고, 얼이 빠지게 한다. 또 그것은 마침내 각 나라를
정부가 목자 역할을 하는 소심하고 부지런한 동물의 무리 정
도로 축소시킨다.[36]

그렇지만 전제주의는 이완된 집단적 의식을 다시 세움으로
써 물리칠 수 있다. 직업노조나 지역연합체와 같은 개인들에
가까운 곳에 위치한 제도의 창설에 의해서 사회적 주체들은
결정 과정에 참여할 수 있다. 그리고 그럼으로써 개인들은 전
지전능한 국가에 대해서 행동할 여지를 다시 찾을 수 있다.

● **정치적 민주주의는 다수결의 원칙에 의해서 민주주의라
는 이름으로 행해지는 독재로 변질될 수 있다.** 인간들이 서로
평등한 정치적 조직 안에서 각 구성원들의 권력은 분명하게
인정된다. 각 시민은 정치적 권력의 작은 조각을 소유한다. 각

---

36) *Ibid.*

구성원들의 의견은 다양하기 때문에, 그리고 합일을 보기는 항상 어렵기 때문에 우리는 보통 최소한의 악으로서 다수결의 원칙을 택한다. 그렇지만 소수가 다수에 의해서 무시되고 억압을 받을 가능성이 상대적으로 높다. 이런 다수에 의한 지배는 전체 사회를 보수주의의 방향으로 향하게 한다. 그래서 토크빌은 다수의 독재를 고발하고, 단지 다수가 아니라는 이유 하나 때문에 다수의 요구에 무조건 굴복하지는 않는 독립적인 정신들이 다수의 독재에 대해 저항하기를 소망한다.

집단적으로 취해진 다수란 무엇인가? 그것이 우리가 소수라고 부르는 한 개인과 종종 반대되는 견해와 이익을 지니는 개인이 아니라면 과연 무엇이란 말인가? 그런데 당신은 모든 권력을 지닌 어떤 한 사람이 적대자들에 대항하여 자신의 권력을 남용할 수 있다는 사실은 인정하면서도 왜 권력을 지닌 사람이 한 사람이 아니라 다수인 경우에는 동일한 사실을 인정하려 들지 않는가? 나는 이에 동의할 수 없다. 나는 모든 것을 할 수 있는 권력을 우리 중 어떤 한 사람에게 부여하는 것을 거부하는 것처럼 동일한 권력을 다수의 사람들에게 부여하는 것 역시 거부한다.[37]

---

37) *Ibid.*

사 후

■ 민주주의는 **가장 평등한 정치 체제**로 여겨진다. 그렇지만 이를 실제 속에 구현함에 있어서, 즉 현실의 제도로 만듦에 있어서 민주주의의 본질 그 자체, 즉 국민이 권력을 소유하는 이 민주주의 체제는 변질된다. 실제로 정치담론가 로버트 달 같은 영-미 계통의 저자들은 민주주의 제도를 현실의 민주 제도들이 다소간 충실하게 접근해 가는 하나의 이론적인 모델로 여긴다. 그래서 로버트 달은 서방 국가들의 정치 제도를 지칭하기 위해서 '다두 정치(polyarchie)'(권력이 가장 많은 수의 사람들에 의해 소유되는 정치 제도)란 명칭을 사용하고자 한다.

진정한 민주주의의 행사는 오늘날의 복잡한 결정 과정 때문에 실현시키기가 어려워 보인다. 제1차 세계대전 직전의 수년간 존재한 독일의 사회민주주의를 연구한 로베르트 미헬스는 국민 스스로의 자치가 불가능함을 규탄한다. 그는 자신의 주요 저서인 《정당론》(1941)에서, '과두 정치라는 청동 법칙'을 우리에게 환기시킨다. 그는 민주주의 체제를 현실 속에 조직화하는 일은 모든 기관, 노조, 정당, 또는 국가 공동체를 지배층과 피지배층의 이분법으로 몰아간다고 말한다.

다소간 규모가 큰 모든 조직이 피할 수 없는 결과인 기술적 전문화는, 우리가 소위 일의 지휘라고 부르는 것을 반드시 필요한 것으로 만든다. 그 결과 지휘의 고유한 특성들 중 하나로

여겨지는 결정권이 집단으로부터 거의 벗어나서 지휘자들의 수
중으로 들어간다. 그리고 최초에는 집단적 의지를 실행하는 기
관에 불과했던 이 지휘부는 이내 대중과는 독립적이 되어서 대
중들의 제어에서 벗어나게 된다.[38]

■ **마르크스의 이론**은 민주주의의 신화를 내던진다. 마르크
스주의자에게 있어서 민주주의란 순전히 형식적인 것으로 머
물러 있다. 그리고 실제로 국가의 권력은 지배 계급들이 독차
지한다. 이들은 다소간 억압적인 성격을 지닌 다양한 국가 구조
들(경찰, 법원, 군대)을 사용하여 사회 전체에 대한 그들의 지배
를 유지하고, 그럼으로써 잉여 가치에 대한 착취의 과정을 영
속화하고자 한다. 사법적·정치적 그리고 이념적 상부 구조를
결정짓는 것은 바로 부르주아 계급과 프롤레타리아 계급을 대
립시키는 자본주의 생산 관계, 즉 경제적 하부 구조이다.

그렇지만 우리는 상부 구조가 생산 관계를 단순히 반영하고
있다고 보는 저급의 마르크스주의로부터는 벗어나는 것이 합
당하다. 왜냐하면 이탈리아의 마르크스주의 이론가 안토니오
그람시(1891-1937)가 주장하는 것처럼 정치는 경제적 기반에
대해서 상대적인 독립성을 지니고 있기 때문이다.

■ **엘리트주의자들**은 민주주의의 인위적인 성격을 고발한

---

38) 로베르트 미헬스, 《정당론: 현대 민주주의의 과두제화 경향에 대한 사
회학적 연구》(1914).

다. 이것이 바로 가장 유명한 엘리트주의자인 이탈리아의 경제학자이자 사회학자인 빌프레도 파레토(1848-1923)의 견해이다. 그는 역사적 변화를 설명하기 위해서 사회 계층과 계급 투쟁의 마르크스식 분석을 대체하는 엘리트 순환 이론을 제시하였다.

모든 사회는 사회적 조직에 관한 한 이원적 구조를 지닌다: 엘리트와 나머지 사람들. 파레토의 정의에 의하면, 엘리트란 그들이 활동하는 분야에서 가장 높은 지표를 지닌 사람들이다. 이들은 다시 정부 엘리트와 비정부 엘리트로 분화된다.

파레토에게 있어서 민주주의는 단지 앞면에 불과하다. 실제로는 18세기와 19세기 자유 혁명을 통해서 부르주아 계급이 지주 귀족 계급을 대체한 것뿐이다. 부르주아 계급은 국민과 계몽주의의 이름으로 단지 옛 엘리트들의 자리를 차지한 것이다. 엘리트의 순환과 대중의 수동성은 정치적 변화의 요체를 이룬다. 이와 비슷한 생각을 제시하는 또 다른 사람이 있다. 그는 또 한 사람의 이탈리아 저자 가에타노 모스카(1856-1941)이다. 그에 의하면 모든 사회는 숙명적으로 과두적이다(소수에 의해 권력이 소유되는). 의심할 여지없이 민주주의는 지배자들이 국민들을 지배함에 있어 자신들의 지배에 국민들을 간접적으로 참여하게 하는 가장 교묘한 인위적 제도이다.

늘 수가 더 적은 일급 계층이 모든 정치적 기능을 맡고, 권력을 독점하며, 그로 인해 얻는 이점을 이용한다. 반면에 그 수가 더 많은 이급 계층은 다소간 합법적이며, 다소간 자의적이고,

또 다소간 폭력적인 방식으로 일급 계층에 의해서 지배되고 조정된다. 일급 계층은 이급 계층에게 적어도 겉으로 보기에는 생존에 필요한 물질적 수단과 정치적 조직체의 운용에 필요한 모든 것을 제공한다.[39]

---

39) 가에타노 모스카, 《정치학 개론》(1939).

II. 에밀 뒤르켕
사회적 관계의 사회학자

에밀 뒤르켕은 1858년 프랑스 보주 지방의 에피날에서 태어
나 고등사범학교[40]를 졸업하며, 이후 교수자격시험에 합격하
여 보르도대학교에서 강의를 한다. 1893년 분업에 관한 연
구로 박사 학위를 취득하며, 1902년 44세의 나이에 소르본
대학교 교수가 된다. 그는 1917년에 생을 마감했다.

프랑스 사회학파의 아버지로 불리는 뒤르켕은, 사회학이 대
학 사회에서 인정받도록 하기 위해 독립된 학문 분야로 만들고
자 하는 계획을 갖는다. 그렇지만 사회학 교수직이 소르본대학
교에 생기기 위해서는 1932년까지 기다려야 했다. 뒤르켕의
야심은 대학 사회에만 한정되지 않는다. 현실에 대한 체계적
인 연구는 이성의 승리에 기초한 새로운 사회 체계의 출현을
이끌어 낸다. 그러므로 뒤르켕은 과학적 절차에서 영감을 받은
새로운 도덕의 전파자처럼 나타난다. 그는 종종 시대의 논쟁에

---

40) 고등사범학교(École Normale Supérieure): 프랑스의 인문 · 자연과학 분야
를 주로 다루는 전문대학(그랑제콜). 〔역주〕

서 자신의 입장을 표명한다. 그리하여 1898년 드레퓌스 사건에서는 반유대주의를 고발하였고, 범게르만주의에 대항하였으며, 열렬한 정교분리주의의 옹호자였다.

[주요 저서]
《사회 분업론》(1893)
《사회학적 방법의 규칙들》(1895)
《자살론》(1897)
《종교적 삶의 기본 형태들》(1912)

1. 사회학은 사회적 사실에 대한 연구를 그 대상으로 한다.

■ 《사회학적 방법의 규칙들》(1895)이란 책에서 뒤르켕은 사회학의 연구 대상과 사회학자의 연구 대상에 대한 접근 방법론을 정의한다.

● 사회적 사실은 개인 밖에 있으며, 강제력을 지니고 있다. 뒤르켕은 사회의 한 구성원으로서 각 개인에 의해서 얻어지는 것들을 특징짓기 위해서 사회적 사실(fait social)이라는 개념을 사용한다. 사회적 사실이 정신적인 현상들과 동일시될 수는 없다. 왜냐하면 후자는 각 개인의 의식 수준에서만 나타나기 때문이다. 사회적 사실이라는 이름 아래 모이는 현상들은 다음

과 같은 이중적인 특징을 지니고 있다: 외재성과 규제. 뒤르켕의 표현에 의하면 이것들은 개인 밖에 존재하고, 각 개인에게 부과되는 강제력을 지니면서 행동하고 생각하고 느끼는 방식을 구성한다. 이처럼 그것이 지닌 모든 무게로 우리를 누르는 사회는, 우리가 우리의 자유 의지에 의해서 행동한다고 생각할 때에 실제로 우리 행동에 대해서 우리가 갖는 느낌과 우리의 행동을 규격화하는 모델이 된다.

내가 형제나 남편으로서 의무를 완수할 때, 그리고 내가 나 스스로 한 약속을 이행할 때, 나는 관습과 법 안에서 그리고 나와 나의 행위 밖에서 정의되는 의무들을 완수한다. 그것들이 나 자신의 감정과 일치하고 내가 내적으로 그것들의 실체를 느낄 때, 그 실체는 객관적이기를 중단한다. 왜냐하면 그것들을 만든 것은 바로 나 자신이 아니고, 나는 단지 그것들을 교육에 의해서 받아들였기 때문이다.[41]

● 뒤르켕은 **사회학의 방법론적 규칙들**을 제시한다. 사회학자와 사회학이란 학문 영역을 정의함으로써, 사회적인 성격의 것들을 조사하는 방법론을 형성함으로써, 그리고 사회학을 위한 일관된 개념들의 체계를 구축함으로써 뒤르켕은 사회과학사에서 하나의 결정적인 전기를 마련했다고 여겨질 수 있다. 그에 의하면, 다음 몇 가지의 위대한 원칙들이 사회학자의 작

---

41) 에밀 뒤르켕, 《사회학적 방법의 규칙들》(1895).

업을 지배한다.

— 우선 **전개념**(prénotion)들을 **체계적**으로 **배제**해야만 한다. 뒤르켕은 전개념이란 용어를 갖고서 집단 의식을 늘 사로잡고 있으며, 연구자와 연구 대상 사이에 위치해서 사회학자들의 작업을 무력화할 위험이 있는 모든 수용되고 있는 기존 관념들과 선험적 표상들을 지칭한다. 이 전개념들, 즉 사회 구성원 다수의 공통 의견들이 분명한 사회적 기능을 완수하고 우리 주위를 둘러싼 세계와 우리를 조화롭게 한다고 해도, 이 전개념들은 여전히 과학적 사고의 형성에 중요한 걸림돌이 된다. 그러므로 예를 들자면, 가족에 관한 연구를 수행하는 사회학자는 가족에 대한 개인적인 표상들을 일단 백지화해야만 한다.

사회학자는 연구 대상이 결정되었을 때 또는 자신의 논증 과정에서, (…) 평범한 일반인들의 정신을 지배하는 잘못된 공리들로부터 벗어나야 한다. 그리고 그는 긴 시간 동안의 익숙함이 마침내 독재적인 성격을 지니게 만든 이런 경험적 범주들의 굴레들로부터 단호하게 벗어나야만 한다.[42]

— **사회적 사실을 사물로 보는 것**이 필요하다. 사회학자의 작업은 자연과학 전문가들이 물리 세계의 실체들을 연구할 때 행하는 작업과 동일하다. 사회적 현상들은 뒤르켕이 강조하는 것처럼 어떤 정신적 태도의 도움을 받아서 외부로부터 지각되

---

42) *Ibid.*

어야만 한다. 실제로 사물은 사회화의 물려받은 자발적인 표상(사회문화적 소속, 정치적 이념, 종교적 가치)의 산물임에 분명한 관념들과 대립된다. 그러므로 사회학적 작업은 사회학자들에게 상식과 단절하기를 요구한다.

어떤 종류의 사실들을 사물처럼 취급한다는 것은, 그것을 실재하는 어떠어떠한 범주에 속하는 것으로 분류하는 것이 아니다. 그것은 사실들 앞에서 어떤 정신적 태도를 관찰하는 것이다. 그것은 우리가 그것들이 무엇인지 전혀 모른다는 것, 그리고 그것들이 의존하는 알 수 없는 원인들과 마찬가지로 그것들이 지니는 특징들이 아무리 주의 깊은 내적 성찰이라 할지라도 내적 성찰을 통해서는 발견될 수 없다는 것을 원칙으로 삼으면서 그것들에 대한 연구를 시도하는 것이다.[43]

— 하나의 사회적 사실은 또 다른 사회적 사실에 의해서만 설명될 수 있다. 그러므로 단번에 심리학적인 설명을 배격하는 것이 합당하다. 사회적 사실은 개인 밖에 있기 때문에 우리는 사회 그 자체의 본질 안에서 사회적 사실의 근원을 탐색해야만 한다.

— 하나의 사회적 현상의 원인에 대한 연구를 사회 전체에 대한 그 현상의 기능과 분리하는 것이 반드시 필요하다. 사회학자는 연구하는 하나의 현상이 지니는 사회적 기능에 골몰하

---

43) *Ibid.*

기 전에 그 현상의 원인에 대한 탐색으로부터 연구를 시작해야만 한다. 왜냐하면 시간적으로 원인이 효과보다 선행하기 때문이다. 또한 아주 종종 하나의 사회적 현상에 대한 원인 분석은 그 현상이 행하는 기능을 밝혀 준다. 그러므로 이런 연구 방식이 사회학자들에게는 훨씬 더 유익하다.

2. 뒤르켕 사회학의 중심 명제는 사회적 분업이다.

■ 분업의 발전은 사회 구조의 변형과 개인들 사이에서 여러 유형의 연대를 낳는다.

● 분업은 **사회적 관계의 강화**에 기초한다. 그리고 사회적 관계의 강화는 사회 규모의 증가, 물질적 밀집도와 정신적 밀집도에 의해서 허용된다.

— **사회의 규모**는 그 사회에 사는 사람들의 수와 관련이 있다. 사회 규모의 증가는 인구 증가(사망률의 감소 그리고(또는) 출산율의 증가)에 기인할 수도 있고, 독립적으로 서로 떨어져 살다가 정치적·군사적 또는 경제적 상황의 이유로 합쳐지는 인구들간의 통합에 기인한 것일 수도 있다.

— **물질적 밀집도**는 주어진 영토에 있는 사람의 수가 증가하는 것을 나타낸다. 이런 변화는 사회적 행위자들 사이의 지리적 거리가 줄어드는 현상으로 나타난다. 또 이런 변화는 사회적 행위자들로 하여금 그들의 상호적 관계를 증가시키게끔

부추긴다.

— **정신적 또는 역동적 밀집도**는 개인간의 관계의 강화, 더 많은 의사 소통, 그리고 개인들 사이의 교류의 일반화로 특징 지어진다.

사회 규모의 증가와 인구 밀집도의 증가는 분업의 발전을 도 모한다. 규모가 커지는 집단체 안에서 생산물을 얻기 위한 투 쟁은 더 격렬해진다. 유사한 행위를 하는 사람들간에 대결 의 식이 나타난다. 사회적 긴장의 감소는 사회체의 다양한 구성부 들(집단 또는 고립된 인간)간의 상호 의존도를 가속화시키는 책 무의 전문화를 통해서 이루어진다. 에밀 뒤르켕은 사회적 행 위자들의 더 많은 자율성과 교육의 지적 노력에 기초한 분업은 가장 높은 수준의 문화와 문명을 창출한다고 여긴다.

● 분업은 **사회적 관계에 있어서 변형**을 야기한다. 뒤르켕 사상의 중심적 명제는 개인과 집단 간의 관계에 관한 것이다. 어떻게 개인의 집단이 조직화된 사회를 구성할 수 있을까? 뒤 르켕은 개인들 사이의 연대성을 만들어 내고, 사회적 통합을 허락하는 사회적 관계들의 중요성을 강조한다. 그는 사회적 형 태에 따라 연대성을 기계적 연대성과 유기적 연대성이라는 두 종류의 연대성으로 구분한다.

— **기계적 연대성**은 유사성에 기초한다. 기계적 연대성이 지 배하는 사회 속에서는 개인들간의 차이가 거의 없다. 왜냐하 면 분업이 거의 존재하지 않기 때문이다. 사람들은 동일한 가 치들에 지배를 받고, 동일한 감정들을 공유하고, 동일한 종교

적 관행을 갖고 있다. 그러므로 사회는 내적 일관성을 지닌다. 왜냐하면 개인들이 서로 거의 다르지 않기 때문이다. 고대 사회나 전통 사회는 종종 기계적 연대성에 기초하고 있다. 이런 사회들은 실제로 개인이나 집단의 차이나 특수성을 용인하지 못한다.

— **유기적 연대성**은 분업과 지위와 역할의 상보성에 기초한다. 각 개인은 자신의 고유한 직능을 발휘한다. 그러나 사회체의 영속성과 원활한 운영을 위해서 이 모든 사람들이 반드시 필요하다. 산업 사회들은 유기적 연대성에 속하는 사회적 관계에 기초하고 있다.

분업이 만들어 내는 연대성은 아주 다른 것이다. 전자(기계적 연대성)가 개인들이 서로 비슷하다는 것을 함의한다면 이것(유기적 연대성)은 인간들이 서로 차별화되는 것을 전제한다. 전자는 개인적 개성이 집단적 개성에 의해 흡수될 때에만 가능하다. 후자는 각 개인이 자신의 고유한 행동의 영역을 지닐 때, 그래서 결과적으로 개성을 가질 때에만 가능하다. 그러므로 집단 의식은 개인 의식의 일부분이 드러나도록 할 필요가 있다.[44]

기계적 연대의 사회 (전통 사회)

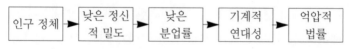

| 인구 정체 | → | 낮은 정신적 밀도 | → | 낮은 분업률 | → | 기계적 연대성 | → | 억압적 법률 |

---

44) 에밀 뒤르켕, 《사회 분업론》(1893).

유기적 연대의 사회 (산업 사회)

- **각 유형의 연대는 법률 조직의 특별한 체계를 결정짓는**
다. 기계적 연대성에는 억압적 법률이 따르고, 유기적 연대성
에는 회복적 법률이 따른다. 각 유형의 연대성은 근본적으로
개인의 의식 상태와 사회적 태도들을 드러낸다. 그리고 그런
이유로 각 유형의 연대성은 사회적 관계의 작용 안에서 경험
적으로 발견해 내기가 어렵다.

뒤르켕에게 있어서 법률 조직은 이 두 '연대성의 체제'가 지
니고 있는 상호간의 차이점을 드러내 준다. 개인적 의식에 대
한 집단적 의식의 아주 강한 압력에 기초하고 있는 기계적 연
대성의 사회는 공동 규칙에 대한 위배를 집단성에 대한 침해
로 여긴다. 그러므로 공동 규칙을 위배하는 사람은 그 집단 구
성원 전체의 형벌에 노출된다. 따라서 법률은 억압적이다. 법
률은 바로 뒤르켕이 '집단적 상처'라고 부르는 것에 제재를 가
한다. 유기적 성격의 사회 관계에 의해서 지배되는 사회는 개
인들간의 협력, 기능의 차별화에 기반하고 있다. 법률은 회복
적 성격을 지닌다. 법률이 가하는 제재는 분업의 과정에서 협
약을 맺는 당사자들간에 이루어져야 할 의견 일치를 저해하는
편견이나 해악을 해소하고 정정하는 데에 그 목적을 둔다.

법률 체계의 변천, 그리고 그 결과로 이루어지는 연대성 체
제의 변천은 한 집단체의 경제적 그리고 사회적 발전 수준을

측정하는 유효한 척도이다. 고대 사회나 전통 사회와 같은 산업화 이전 사회는 억압적 법률에 기초한 제재를 행사한다. 상당한 경제적 잠재력을 지닌 발전된 산업 사회는 대부분의 경우에 회복적 법률에 의해서 만들어지는 '교정적 제재'를 채택한다.

3. 사회적 관계의 이완은 뒤르켕이 아노미라는 개념으로 지칭하는 상태를 낳는다.

■ 아노미는 분업의 몇 가지 병리적 형태와 관련을 맺는다.

● 아노미라는 개념은 분업에 관한 뒤르켕의 학설 속에 나타난다. 이 개념은 사회체의 다양한 구성부들을 결합시키는 연대 체계에 발생하는 단절과 관련이 있다. 뒤르켕은 아노미('규범의 부재'라는 뜻의 a-nomos에서 나온 말)라는 용어를 프랑스의 철학자 장 마리 기요(1854-1888)에게서 빌려 온다. 뒤르켕은 이 개념을 통해서, 일반적으로는 개인들 사이의 연대성을 보장해 주는 분업이 어떤 상황에서는 연대 절차의 단절을 이끌어 낼 수 있다는 것을 보인다. 바로 그렇게 개인과 사회 간의 단절이 나타나는 것이다.

뒤르켕은 노동의 분업 안에서 여러 종류의 아노미적 단절을 낳을 수 있는 다양한 병리적 상황을 분류해 낸다. 예를 들어 19세기에 비교적 자주 발생하는 현상인 경제적 위기를 겪는 시기는 바로 그가 분류한 여러 병리적 상황들 중 하나이다. 경기 침체는 기업들의 파산, 경제 활동의 둔화, 인력의 해고로 나타난다. 그리고 이는 전체 사회와 경제적·사회적 행위자들을 서로 묶어 놓았던 연대성과 사회적 통합의 공간으로부터 이 경제적·사회적 행위자들을 이탈시키는 사회적 혼란을 야기시킨다.

임금노동자들 사이에, 그리고 특별히 노동자들과 고용주 사이에 존재할 수 있는 갈등적 관계도 마찬가지이다. 그러므로 사회적 마찰은 불충분한 임금에 의해서, 또는 노동 조건에 대한 문제 제기에 의해서 야기될 수 있다. 그러나 무엇보다도 뒤르켕에게 있어서, 사회적 연대성의 파괴라는 측면에서 가장 '퇴행적인' 현상은 바로 노동의 극단적인 분업이다. 미국의 기술자 프레더릭 윈슬로 테일러가 나중에 설파하게 될 기획 작업과 실행 작업의 분리, 그리고 작업의 분자화는 각 노동자가 동일한 생산 과정에 참여하는 다른 노동자들과는 생산 과정 안에서 전혀 접촉하지 못하고 오직 기계만을 대면해야 하는 상황에까지 다다르게 만든다. 최초에는 유기적 연대성의 매개체로 기능하던 분업이 종국에는 아노미의 요인이 되는 것이다.

각각의 특별한 기능이 제대로 작동되기 위해서는 각 개인이 자신에게 주어진 하나의 특별한 기능에 너무 깊이 몰입되지 않고, 인접한 기능들과 일정한 관계를 유지하면서 인접한 기능들이 지니는 필요성과 그 기능들에서 일어나는 변화 등을 의식하여야 한다. 분업은 각 노동자가 자신의 일 속으로만 너무 침잠

하지 말고 동료들을 바라보는 시선을 늘 유지하면서 그들에게
영향을 미치고, 또 그들로부터 영향을 받는 것을 전제로 한다.
그러므로 각 개인은 방향도 모르는 움직임을 반복하는 기계가
아닌 것이다. 각 개인은 자신의 작업 움직임들이 자신이 개별
적으로 세운 목표를 향하고 있음을 안다. 그는 그가 무엇인가
에 소용되고 있음을 안다.[45]

● 《자살론》이란 책에서, 뒤르켕은 **사회적 행위자의 행태**를
누르는 **사회 구조의 무게**를 드러낸다. 1897년에 출판된 이 책
은 사회학 사상사에서 중요한 위치를 차지한다. 뒤르켕은 이
책에서 위대한 '사회학 강의'를 제시한다. 그는 이 책에서 어
떻게 해서 가장 개인적인 행위가 끝이 나고 사회적 구조 안에,
그리고 특별히 개인과 사회를 연결시키는 관계 안에 그 근원
이 있는 결정주의에 지배를 받는지를 보이고자 한다.

뒤르켕은 자살을 우울증이나 존재적 악의 결과로 분석하는
심리주의적 설명을 단번에 배격한다. 개인적 행위인 자살이 사
회적 원인을 지니고 있다는 것을 증명하기 위해서, 뒤르켕은
동시에 작용하는 변수들을 개입시키는 방법을 사용한다. 즉 어
떤 인구 집단들에 관계된 자살률을 그 인구 집단이 지니는 내
재적 특징들(연령, 성별, 국적, 종교 등)과 연결시킨다. 그는 예
를 들어 그 시대의 통계 자료의 도움을 받아서 유럽의 여러 나
라의 자살률을 비교한다. 뒤르켕의 이런 경험주의적 연구는

---

45) *Ibid.*

자살의 유형론 구축으로 그 결론을 맺는다. 그는 세 종류의 자살을 구분한다: 이타적 자살, 이기적 자살, 아노미적 자살.

— **이타적 자살**은 집단적 규칙을 지키기 위해서 모든 보존 본능을 버리는 것으로 특징지어진다. 실제로 전통적인 인도 사회에서 아내가 죽은 남편의 유해를 태우는 장작불 위로 올라가는 것을 의식적으로 감수하는 것이 그 예이다. 조난시에 사용하는 대형 구명 보트로 승객들이 모두 옮겨탔을 때, 자신만은 조난된 배와 함께 침몰을 맞는 선장은 이타적 자살의 또 다른 예이다.

— **이기적 자살**은 이타적 자살과는 반대되는 동인을 지닌다. 이기적 자살은 개인이 가족이나 종교와 같은 사회적 제도 속에 제대로 통합되지 못하는 것과 관련이 있다. 이타적 자살은 집단적 의식을 위해서 개인적 의식을 삭제하는 것에 그 근원이 있다고 한다면, 이기적 자살은 집단적 의식에 비해서 개인적 의식이 상대적으로 과도하게 증가하는 것으로 특징지어진다. 그래서 미혼자는 기혼자보다 자살을 할 확률이 더 높고, 자녀가 없는 기혼자가 자녀가 많은 기혼자보다 자살을 할 확률이 더 높다. 한 개인의 삶에 대한 거부는 그 개인의 '사회적 통합도'가 낮으면 낮을수록 더욱더 강해진다. 종교적 소속감에 있어서도 유사한 결과가 나타난다. 개신교도는 가톨릭교도보다 더 많이 자살에 노출되어 있고, 가톨릭교도는 유대인보다 더 높은 자살의 가능성을 지니고 있다. 이런 사실은 각 종교인이 자신이 속한 신앙 공동체 안에서 신과 맺고 있는 관계에 의해서 설명된다. 개신교는 인간이 신 앞에 홀로 서 있다는

교리를 지니고 있는 이상 신자의 자율성에 더 많은 여지를 부여한다. 가톨릭은 각 신자가 속한 신앙 공동체가 그 신자에 대해 신앙적 보살핌을 책임지는, 좀더 집단적이고 통합적인 틀을 지니고 있다. 유대인의 경우 그들이 겪었던 주변화나 도편추방이 그들을 서로 연결시키고, 자발적인 죽음으로부터 벗어나게 하는 연대성의 관계를 더욱더 돈독하게 만들었다.

실제로 기독교가 오랫동안 그들에게 행한 탄압은 유대인들 사이에 특별한 에너지를 지닌 연대성의 감정을 만들어 냈다. 그들을 향한 광범위한 적대감에 대항해서 싸워야 할 필요성, 그들이 속한 사회의 나머지 사람들과 자유롭게 의사 소통을 할 수 없다는 사실은 그들로 하여금 그들끼리 아주 밀접하게 유착되도록 만들었다. (…) 유대인들의 자살률이 낮은 것은 바로 이런 데에 그 이유가 있는 것이다.[46]

— **아노미적 자살**은 현대 산업 사회의 특징이다. 이것은 몇몇 측면에서 이기적 자살과 관련성이 있다. 실제로 산업 사회에서 사회체의 압력은 고대 사회나 전통 사회가 주는 압력보다는 덜하다. 사회화를 유도하는 동인들(가정, 종교)은 개인의 자유에 더 많은 여지를 준다. 그런데 사회적 행위자들은 사회적 통합의 동인들에 의해서 전혀 제어되지 않는 동일한 열망에 휩싸인다. 이런 조건 안에서 개인의 열망은 무한히 커진다.

---

46) 에밀 뒤르켕, 《자살론》(1897).

아노미적 자살을 낳는 것은 바로 개인적 열망의 등극과 그 열망을 성취할 가능성 사이에 존재하는 이율배반성이다. 이런 유형의 자살에 가장 많이 노출된 사람들 중에는 전체 사회 안에서 가장 앞선 경제적·사회적 활동(도시 분야, 산업, 정교분리적 윤리로 특징지을 수 있는 활동)을 하는 사람들이 속해 있다. 그러므로 경제적 발전은 그것이 해결할 수 있는 것보다 더 많은 문제를 야기할 수 있다.

모든 시민들의 인간성은 그 핵심적인 특징에 있어 아주 동일하다. 그러므로 그들에게 필요한 이 가변적인 한계를 필요에 부과할 수 있는 것은 인간성이 아니다. 결과적으로 필요란 각 개인에 따라 다르고, 각 개인이 결정하는 것인 한 필요에는 어떤 제한도 없다. 우리의 감수성을 규제하는 모든 외재적 권력을 무시한다면, 우리의 감수성은 아무것도 그것을 채워 줄 수 없는 끝없는 심연과 같다고 말할 수 있다.[47]

● 현대 사회의 아노미적 경향은 개인과 전체 사회 사이에서 중재의 기능을 하는 **조합의 제도**에 의해서 물리칠 수 있다. 사회의 현대화에 의해서 이완된 사회적 관계를 어떻게 다시 조일 수 있을까? 사회적 조직이 영속성을 지니기 위해 필요한 사회적 관계를 어떻게 회복할 수 있을까? 또 그럼으로써 아노미적 긴장을 어떻게 없앨 수 있을까? 이것이 바로 뒤르켕이

47) *Ibid*.

제기하는 질문이다. 그래서 그는 가족 · 종교 · 국가와 같은 사회화의 다양한 동인들의 유효성을 재고하기에 이른다. 그리고 그가 내린 결론은 **이런 제도들 중 그 어떤 것도 사회적 행위자들 사이에 연대성을 회복시킬 수 없다**는 것이었다.

— 두 세대로 구성된 가족(부모와 미혼의 자녀들)으로 축소된 **현대적 가족**은, 산업화 이전 시대의 가족이 지녔던 그런 통합적 틀의 유지 기능을 더 이상 보장하지 않는 것으로 여겨진다. 가족 집단은 점차적으로 그 고유 기능들, 예를 들어 경제적 기능을 잃어 가고 있다. 게다가 이혼은 가족 집단의 기반을 그 내부에서부터 흔들어 놓는다.

— **종교**도 아노미적 경향들을 감소시킬 수 없다. 다양한 종류의 교회들이 주는 가르침은 점점 더 추상적이고 이론적이 되어간다. 종교는 개인들의 다양한 기대를 조절할 수 있는 '규율의 학교' 가 이제 더 이상 아니다.

— 사회적 행위자와 그들의 관심사로부터 너무 멀리 떨어져 있는 **국가**는 새로운 통합적 틀의 탄생을 결코 도모하지 않을 것으로 여겨진다. 게다가 그것이 지닌 독재적 성격은 국민들의 자발적인 지지를 결코 이끌어 낼 수 없다.

연대를 회복시킬 수 있는 유일한 구조는 뒤르켕이 간절한 마음으로 부르는 '조합(corporation)' 이다. 뒤르켕에게 있어서 조합이란 고용주와 피고용인들을 결합시키는 직업적 조직을 뜻한다. 개인들과 비교적 가까운 거리에 있고, 경제적 조직 구조로부터 생겨나는 조합은 아노미를 지니고 있는 사회적 갈등의 감소와 연대적 망조직의 재구성을 그 사명으로 하는 것으로 여겨진다.

사 후

뒤르켕의 영향을 받은 미국의 사회학자 로버트 킹 머턴도 아노미라는 개념을 사용하지만, 프랑스 사회학의 아버지 뒤르켕과는 다른 의미로 사용한다. 그는 사회 행위자들의 전략, 규범, 그리고 집단적 가치 사이의 관계를 특징짓기 위해서 다섯 가지 유형의 태도를 구분한다.

■ 머턴에게 있어서 아노미는 사회 구성원들에게 제시되는 **이상**과, 그 이상을 실현하게 해주는 **수단 사이에 나타날 수 있는 뒤틀림을 의미한다.** 실제로 미국 문화가 지니는 표상 체계는 합법적이고, 다다를 수 있으며, 동시에 고려할 가치가 있는 이상으로서 사회적 비약과 성공을 운반한다. 사회적 성공은 개인적 노력, 재능, 근검 절약, 그리고 법과 일치하는 모든 다른 양태들을 전제로 한다. 그들의 사회적 야망을 이루기 위해서, 사회적 행위자들은 실효성을 지닌 법과 집단적 도덕에 맞게 행동할 수 있다. 그러나 그들은 또한 완벽하게 비합법적인 수단에 의해서 같은 목적들을 이루려고 할 수 있다. 이런 형상의 두 번째 경우에는 일탈적 행동을 두려워해야만 한다. 이 일탈적 행동은 아노미적 태도의 존재를 드러낸다.

● 머턴은 사회가 이상으로 제시하는 가치나 목표에 맞게 개인들이 **스스로를 조정하는 방식**을 개인적 행동의 관점에서 **다섯 종류로 구분**한다.

— **기존 가치 영합주의**는 가장 흔한 조정 전략에 기초한다. 기존 가치 영합주의는 개인이 사회적 가치를 합법적인 것으로 인정하고, 이 가치들에 다다르기 위해서 적법한 수단을 사용한다는 것을 전제로 한다.

— **혁신**은 개인들이 가치의 체계를 그대로 따르지만, 비합법적 수단을 사용하면서 성공과 권력을 추구하는 적응의 유형이다. 사업가, 수상한 정치가, 갱은 그들의 목적에 이르기 위해서 혁신의 전략을 채택한다.

— **전례**는 개인들이 더 제한된, 그러나 실현될 수 있는 사회적 요구를 위해서 (그들이 결코 얻을 수 없는) 가장 가치 있는 사회적 위치에 대한 추적을 포기한다는 사실에 기초하는 적응의 방식이다. 있을 수 있는 실패로 실망하지 않기 위해 중간 정도 수준의 목표를 스스로에게 제시하는 중산층에 속한 구성원들이 지니는 전략과 행보가 바로 그러하다.

— **도피**는 그 수에 있어서 비교적 소수이지만, 그 수를 더 이상 줄일 수 없는 그런 소수의 사람들이 취하는 적응의 형태이다. 이 적응 양식을 사용하는 개인들은 사회적 목표와 사회적 목표를 이루게 하는 수단들을 동시에 거부한다. 이들은 집단적 규범을 준수하지 않는 다소간 주변적인 집단들이다. 이 집단들 중에는 방랑자, 알코올 중독자, 마약 중독자들, 그리고 자신들의 사회적 관행을 통해서 지배적인 규범을 저버리는 모든 사람

들이 속한다.

— **반항**은 사회적 행위자들이 사회가 부과한 수단과 목표를 공유하지 않을 때 나타나는 조정 형태이다. 그들에게 있어서 사회가 제시하는 이상은 자의적이고, 반박할 수 있고, 무의미한 것처럼 보인다. 이런 전략은 그들을 사회 규범에 저항하고, 또 다른 조직 형태의 사회를 생각하게 이끈다. 혁명주의자들은 그들의 정치적 이데올로기가 무엇이든간에 이 범주에 속한다.

III. 막스 베버

포괄적 사회학의 이론가

막스 베버는 1864년 독일의 에르푸르트에서 태어나 베를린 대학교에서 역사학·법학·경제학을 공부하고, 박사 학위를 취득한 후 1892년부터 같은 대학에서 강의를 한다. 그러나 1898년 신경성 우울증으로 인해 대학 생활을 중단한다. 유럽과 미국 여행에서 돌아온 후 사회학에 경도된 그는, 페르디낭 퇴니에스·게오르크 지멜과 함께 독일 사회학회를 창설한다. 제1차 세계대전 후에 고문 자격으로 베르사유 회의에 참가하고, 바이마르 공화국 헌법 기초에도 참가한다. 1920년에 일생을 마쳤다.

뒤르켕과 함께 막스 베버는 현대 사회학의 아버지로 일컬어진다. 막스 베버의 이론은 마르크스의 분석(경제적 결정주의)에 대항하고, 뒤르켕의 방법론(방법론적 전체주의)에 대립한다. 그는 사회과학의 많은 영역(역사·법률·정치학)을 커버하는 폭넓은 저술을 한다. 그렇지만 그는 무엇보다도 칼뱅주의적 도덕과 현대 자본주의의 탄생 사이에 관련을 맺은 것으로 유명하다.

[주요 저서]

《프로테스탄티즘의 윤리와 자본주의의 정신》(1905)

《과학자와 정치학》(1919)

《경제와 사회》(1922)

1. 막스 베버는 과학적 사회학의 기초를 세운다.

막스 베버의 사회학은 방법론적 개인주의에 속하는 포괄적인 사회학이다.

■ **막스 베버의 사회학은 사회적 행위를 그것의 전개와 효과 안에서 해석하는 것을 목표로 삼는다.** 그는 사회적 행위를 어떤 행위를 하는 사람이 그 행위에 부여하는 의미에 의해서 동기 부여를 받는 모든 인간의 행위라고 정의한다. 이처럼 막스 베버의 사회학은 모든 개인이 자신의 사회적 행위에 부여하는 의미를 복원하려고 노력한다. 바로 여기에서 **포괄적 사회학**(= sociologie compréhensive)이라는 명칭이 나오는 것이다. 막스 베버는 이 점에서 개인들의 다양한 동기나 의도에 대해서는 물음 없이 '외부로부터' 사회적 사실과 제도를 연구하는 뒤르켕과는 대비된다. 뒤르켕과는 반대로 막스 베버는 사회적 행위자들이 체험하는 의미로부터 출발하여 사회적 제도로 거슬러 올라간다. 바로 이런 연구 절차를 우리는 **방법론적 개인주의**라고 부른다. 이 연구 절차 안에서 하나의 집단적인 현상

은 일련의 개인적인 행위나 믿음 또는 태도의 산물로 여겨진다.

내가 사회학자라면, 이는 근본적으로 그 스펙트럼이 계속 유동하는 집단적 개념으로 만들어진 이 학문에 종결을 짓기 위한 것이다. 달리 말하자면 사회학, 그것 또한 독립된 한 개인 또는 몇몇 개인 또는 수많은 개인의 행동에서만 비롯될 수 있다. 바로 그렇기 때문에 사회학은 엄격하게 개인주의적 방법론을 채택해야만 한다.[48]

■ **막스 베버는 이상적 유형이라고 불리는 방법론적 도구를 갖고서 사회적 행위를 포착하고자 한다.** 이상적 유형이란 관찰된 현상의 실체에서 빌려 온 얼마간의 특징으로 이루어진 지적 구축물이다. 이것은 현실과는 혼동될 수 없으며, '실제의 복사판' 또한 아니다. 실제로 사회학자는 의미적인 가치에 따라서 현실에서 발견하는 어떤 요소들을 선택한다. 이상적 유형은 다양한 대상들에 공통된 한 특성을 표현하는 개념(예를 들어 사회적 계층의 개념과 같은)과 사실들을 설명할 목적으로 사용되는 일련의 명제들로 구성된 이론, 이 둘의 중간에 위치한다.

두 부류의 이상적 유형이 막스 베버의 연구 속에 나타난다. 첫번째 이상적 유형은, 예를 들어 막스 베버가 16세기와 17세기 서구 유럽의 칼뱅주의의 발전과 관련을 짓는 자본주의처럼

---

48) 《R. 리에프만(Liefman)에게 보내는 막스 베버의 편지》(1920).

시간과 공간 안에 한정되는 일련의 현상들과 관련이 있다. 그것은 다른 어떤 곳에서도 찾을 수 없는 단 하나뿐인 역사적 경우와 관련이 있다. 두번째 부류의 이상적 유형은 역사적 변천의 다양한 시점에서, 그리고 다양한 지리적 공간 속에서 관찰될 수 있는 어떤 체계나 구조와 관련이 있다. 그러므로 사회조직 체계로서의 관료주의, 그리고 국가사회주의 체제의 독일이나 스탈린 체제의 러시아와 같은 최근의 정치 체계나 고대 그리스 안에서 찾을 수 있는 정부의 합법성의 원천으로서의 카리스마적 권위가 이에 해당한다.

2. 막스 베버는 합리화의 과정과 현대 자본주의의 발전에 대해서 논한다.

합리화의 절차는 과학적 연구 절차를 현대 사회의 활동 전반에 일반화하는 것으로 정의된다.

■ **막스 베버는 두 가지 형태의 합리성을 구분한다**: 가치의 합리성과 목적성의 합리성.

— **가치의 합리성**은 종교적 이상이나 도덕적 의무와 같은 위대한 '대의명분'에 의해서 영감을 받은 사회적 행동에 기초한다. 이런 행위의 틀 안에서 사회적 주체는 자신의 행위가 낳을 결과를 고려하지 않는다. 그는 오직 자신의 믿음의 체계에 의해서만 인도될 뿐이다.

— **목적성의 합리성**은 정해진 목표에 다다르려는 의도에 맞게 일련의 수단을 조절하는 것을 전제한다. 그러므로 목적, 수단, 그리고 사회적 행위의 예측 가능한 결과들 사이에 일치가 나타난다.

이 두 유형의 합리성은 사회적 주체들의 구체적인 전략 속에서 공존할 수 있다. 그러므로 우리는 정해진 목적에 관해서 가치적 차원에서 합리적인 절차를 찾을 수 있고, 그 목적에 이르는 방법에 있어서도 목적성에 있어서의 합리성을 찾을 수 있다.

합리화는 경제 활동, 정치, 법률, 교육 등의 모든 사회적 활동에 관련이 있다. 합리화는 발전의 원천이다. 왜냐하면 합리화는 마술이나 미신과 같은 비합리적인 힘의 심판이나 전통의 무게로부터 개인을 해방시키기 때문이다. 그렇지만 막스 베버에 따르면, 서구 자본주의의 고유한 지적 합리화는 세상이 '주술에서 풀려나는 것' 처럼 나타난다. 그리고 마술은 차가운 계산과 예측에 자리를 내준다.

■ **경제적 합리화는 현대 자본주의라는 형태로 나타난다.** 막스 베버에 있어서, 자본주의 경제는 다음 여섯 가지 조건에 의해서 지탱되는 '자본의 계산서' 라는 기초 위에서 행해지는 합리화의 과정이다.

— 이윤을 추구하고 경영의 독립성이라는 혜택을 입는 민간 기업에 의한 생산의 기술적 수단(토지, 장비, 기계 등)의 적정

화;

— 공급과 수요 사이의 거래에 관한 시장의 자유;

— 생산 비용 관리를 목적으로 하는 계량화할 수 있는 합리적 기술에 대한 의존;

— 경제적 동반자들간의 공평성을 보장해 주는 합리적 법률의 존재;

— 노동의 자유, 즉 각 개인이 자유롭게 자신의 노동력을 팔 수 있는 가능성;

— 경제의 상업화.

■ **프로테스탄트 윤리와 자본주의 정신에서, 막스 베버는 칼뱅주의 윤리와 자본주의 기업가들의 행동 저변에 있는 정신적 표상 사이에 평행성이 있음을 주장한다.** 막스 베버의 저서는 종종 마르크스 이론의 반박으로 제시되었다. 실제로 마르크스는 사회의 경제적 기초가 그 사회의 역사적 발전을 결정한다고 주장한다. 막스 베버는 사회적 변화에 대한 이런 일원론적 설명을 반박한다. 《프로테스탄티즘의 윤리와 자본주의의 정신》에서, 막스 베버는 다른 요인들도 있지만 종교적인 가치들도 현대 자본주의의 출현에 영향을 미쳤을 가능성이 있음을 증명하고자 한다.

종교적인 믿음은 어떻게 하나의 '경제적 태도'의 출현, 즉 하나의 경제 형태의 에토스를 결정하는가? 우리는 경제 생활의 정신과 금욕주의적 개신교의 합리적 윤리 사이의 관계를 그 예

로 들었다.[49]

막스 베버는 프로테스탄티즘 윤리를 칼뱅주의 윤리, 특별히 예정설의 교리와 동일시한다. 칼뱅과 그의 제자들에게는, 사후 구원이 이 세상에서 인간이 행한 구체적 행위에 의해서 정당성을 부여받을 수 있는 신의 은총이다. 고해 성사가 죄를 없애 주는 가톨릭의 교리와는 반대로 칼뱅주의자들은 하나님 앞에 혼자 서 있고, 그러므로 이 세상에서 그들이 행한 행위에 대해서 스스로 책임을 진다. 구원을 얻기 위해서 신자는 도덕적 금욕주의로 이루어진 모범적인 삶을 살아야 하고, 몇 가지 의무를 수행해야만 한다.

— 하나님의 영광을 위해 노동한다. 여가와 태만은 죄악시된다.

— 많은 돈을 쓰기보다는 절약한다. 사치는 금기 사항이다. 노동으로 얻어지는 수익은 새로운 생산 활동에 사용된다.

— 인간의 지식을 발전시킨다. 실험과학이 장려된다. 왜냐하면 실험과학은 하나님의 사역을 더 잘 알 수 있게 해주기 때문이다. 게다가 인간의 노동은 지식의 전파로 상당히 개선된다.

막스 베버는 칼뱅주의에서 나온 가치의 전파와 19세기 이래로 최초의 자본주의 기업가를 고무시킨 표상 사이에 관계를 설정한다. 그리고 그는 이를 통해 사회적 변화에 대한 경제적 행위의 합리화 안에서 가치가 행하는 역할을 드러내 보이려고

---

49) 막스 베버, 《프로테스탄티즘의 윤리와 자본주의의 정신》(1905).

한다.

3. 막스 베버는 현대 사회에서 관료주의의 형태로 나 타나는 정치적 권위의 정당성을 정의하고자 한다.

■ **정치적 권위는 합법적 지배의 과정에 속한다.** 막스 베버는 권력이라는 개념을 사용하지 않으려고 한다. 왜냐하면 그에게 있어서 권력이란 '사회학적으로 형태가 없는 것'처럼 여겨지고, 따라서 탐구할 가치가 없는 것으로 여겨지기 때문이다. 그는 권력이란 용어 대신에 지배라는 좀더 정확한 개념을 사용한다. 이 개념은 막스 베버가 지배 그룹, 즉 인간 집단이라고 부르는 것 안에서 지배자의 역할과 피지배자의 역할이 있음을 설명해 준다. 이후 막스 베버가 스스로 제기하는 질문은 왜 피지배자는 지배자의 명령을 받아들이는가이다. 대답은 지배자들의 정당성을 고려함에 있다. 그래서 **정당한 지배**, 즉 가장 많은 사람들이 공유하는 표상 및 믿음과 부합되기 때문에 받아들여지는 지배로 **정의되는 정치적 권위라는 막스 베버의 개념**이 나타난다.

■ **막스 베버는 세 종류의 합법성을 구별한다**: 전통적 권위, 카리스마적 권위, 그리고 합법적-이성적 권위.

● **전통적 권위**는 전통에 기초를 둔다. 이런 권위는 항상 존

재해 왔던 것처럼 여겨진다. 개인들은 전통이라는 한계 안에서 종종 자의적 권력을 지닌 권위의 소유자에게 종속된다. 전통적 권위는 산업화 이전의 사회와 일치한다.

● **카르스마적 권위**('우아함'이라는 뜻의 그리스어 charisma에서 나옴)는 한 개인의 특별한 품성이나 개인적인 우아함에 기초한다. 수장은 그가 다른 사람들에게 행사하는 권위에 비례해서 복종을 받는다. 다른 사람들은 수장에게 헌신을 표한다. 그리고 이 헌신은 때때로 희생에까지 이른다.

● **합법적-이성적 권위**는 현대 국가의 권위이다. 이 권위는 합일의 대상이 되는 논리적으로 모인 일련의 법률 규칙에 기초하고 있다.

합법성 덕택으로, 그리고 합법적 지위와 합리적으로 만들어진 규칙에 기초한 긍정적 능력의 유효성에 대한 믿음 덕택으로 군림하는 권위, 달리 말하자면 설립된 지위에 부합되는 의무를 이행하는 복종에 기초하는 권위. 이것이 바로 현대 국가의 공무원들이 행사하는 그런 권력이다.[50]

■ **합법적-이성적 권위**는 관료주의의 형태를 띤다. 사회학적 분석의 틀 안에서 관료주의라는 개념의 사용은 관료주의가

---

50) 막스 베버, 《과학자와 정치학》(1919).

행정의 비효율성, 방만함을 나타내는 일상의 의미와는 완전히 다르다. 막스 베버에게 있어서 관료주의는 집단적 행위의 합리화에 기초한 현대 사회의 전형적인 조직 형태이다. 관료주의적 조직은 공권력에만 한정되지 않는다. 그것은 연합, 정당, 또는 기업 등 민간 분야 전체에도 일반화된다.

막스 베버가 생각하는 관료주의의 이상적 형태는 다음의 특징들로 정의된다.

— 생산 주체들간의 행위와 협력이 그것에 참여하는 모든 사람들에게 알려져 있고, 그들에 의해서 지켜지는 **형식화된 규칙들**에 기초한다.

— 조직은 **위계화**되어 있다. 그러나 각 주체는 자신보다 더 상위에 있는 사람들에 대해서 상대적인 독립성을 스스로에게 부여하는 지위를 누린다. 관료주의 체제에 속하는 각 주체는 자신의 활동을 함에 있어서 자신보다 더 높은 지위에 있는 사람에 의해서 조정된다.

— 각자의 **기능**은 엄격하게 **정의되고 전문화된다**. 이 기능은 객관적인 기준(자격증, 시험)에 의거하여 측정된 능력에 따라 선별된 주체들에게 부여된다. 그 조직 안에서 '직업을 갖고' 승진을 하는 것이 가능하다. 또한 직업을 수행한 기간이 길어지면 이에 비례해서 수입이 늘어나는 것도 가능하다.

— 조직의 주체들은 자신들이 발휘하는 기능의 소유자가 아니다. 그러므로 그들은 자신들의 기능을 다른 사람에게 넘겨줄 수 없다. 그리고 **직업 생활과 사적 생활 사이에는 완전한 분리**가 존재한다.

사 후

관료주의에 관한 막스 베버의 이론은 미국에서는 로버트 킹 머턴에 의해서, 그리고 프랑스에서는 미셸 크로지에에 의해서 각각 발전되었다.

■ **로버트 킹 머턴**에게 있어서 관료주의적 조직은 사회적 변화를 제어하는 브레이크이다. 관료주의는 집단적 비효율성의 동의어이다. 게다가 관료주의는 수많은 부작용을 낳는다. 특히 과도한 형식주의 때문에 조직의 관점에서 관료주의는 실패를 거듭한다. 복잡한 규칙, 느린 절차, 과도한 행정 문서의 양은 현대 사회의 기능을 마비시킨다. 게다가 일종의 역효과로 인해서 관료주의 체계의 부작용은 그 조직이 선포한 목표 그 자체에 반하게 작용한다. 관료주의 체계의 주체와 그들의 대중 사이의 분열은 필수 불가결한 모든 논리와 변화의 모든 전략에 대립되는 수동성, 체념, 투명성의 부재를 드러내는 행위와 태도를 낳게 된다.

■ 프랑스의 조직사회학 전문가 **미셸 크로지에**는 프랑스 사회를 가로막고 있는 무게를 이해하기 위한 노력을 하면서 관료주의에 관한 막스 베버의 분석 전통을 이었다. 그는 프랑스 민족 문화(인류학적 의미에서)의 일부분을 이루는 '프랑스 관료주의 모델'의 존재를 증명한다. 이 관료주의 모델은 결정적

인 중앙 집중화와 제도적 지위의 계층화(기업, 행정 기구 등의 내부에 존재하는 위계)에 기초한다. 이 체계는 아주 약한 참여, 즉 집단적 책무에 대한 무관심을 함의한다. 프랑스 관료주의 모델은 다음의 중요한 두 가지 특성에 기초한다.

 — 멀리 있고 확산된 권위에 대한 애호;
 — 사회적 행위자들의 체제에 대한 독립성을 허용하고 권위를 지닌 자들의 결정으로부터 사회적 행위자들을 보호해 주는 비개인적 규칙의 탐색.

실제로 미셸 크로지에는 저서 《관료주의적 현상》(1964)에서, 프랑스의 학교 제도에는 관료주의적 논리가 강하게 배어 있고, 프랑스의 학교 제도는 프랑스 국민들을 이 포괄적 관료주의 모델에 적응시키는 최고의 기관이라는 것을 보인다.

그러므로 프랑스의 교육 제도는 쉽게 그 성격이 관료주의적이라고 볼 수 있다. 프랑스의 교육 제도는 우선 중앙 집중과 비개인성이 극단적으로 나타나고 있는, 더 고유하게 조직적인 양상에서 관료주의적이다. 두번째로 프랑스의 교육 제도는 그 교육 방법론에 있어서, 관료주의 제도의 층위 안에서 분리를 재생산하는 선생과 학생 사이에 놓여 있는 고랑의 존재로 특징지어지는 교육 행위 그 자체 안에서 관료주의적이다. 세번째로 프랑스의 교육 제도는 학생의 개인적인 삶이나 실제적인 삶의 문제와는 접점을 이루지 못하는 너무나 추상적인 내용을 지니고 있다는 점에서 역시 관료주의적이다. 끝으로 프랑스의 교육 제도는 학생들 전체의 교육을 도외시한 채 소수 엘리트의 선별 문제나, 이 소수 엘리트들이 상류 계층 속으로 동화되는 문제에 많은 중요성을 부여한다는 점에서 여전히 관료주의적이다.[51]

---

51) 미셸 크로지에, 《관료주의적 현상》(1964).

IV. 피에르 부르디외
교육과 문화의 사회학자

피에르 부르디외는 1930년 프랑스 피레네-아틀란티크 지역의 당갱이란 곳에서 태어난다. 고등사범학교를 졸업한 후, 알제리의 수도 알제의 알제대학교 문학부에서, 그리고 그후에는 릴대학교 문학부에서 강의를 한다. 1964년부터는 고등사회과학대학교(EHESS)에서 강의를 하고, 1982년 콜레주 드 프랑스의 사회학 석좌교수가 된다. 〔2002년 사망하였다.〕

뒤르켕·마르크스·막스 베버의 이론에 기반을 둔 피에르 부르디외의 사회학은, 방법론적 개인주의(사회적 사실은 개인적 행동의 산물이다)와 방법론적 전체주의(사회적 사실은 '외부'로부터 개인들에게 주입된다)를 동시에 극복하고자 한다. 피에르 부르디외는 계층의 결정주의와 사회체를 구성하는 나머지 구성부들에 대한 상위 계층의 지배 관계를 강조하는 경향을 지니는 사회적 관행에 관한 일반 이론을 제시한다. 그는 교육제도에 관한 연구를 통해서, 학교가 교실 교육으로부터 나오는 사회적 특권에 부여해 주는 정당성을 통해서 사회적 질서를 재생산한다는 것을 보여 준다.

[주요 저서]

《재생산. 교육 제도 이론을 위한 요소들》(1970)

《구별짓기. 판단의 사회적 비판》(1979)

《사회학의 문제들》(1980)

1. 사회는 물질적 또는 상징적 이익을 얻기 위해서 경쟁을 벌이는 사회적 그룹들이 존재하는 공간이다.

■ 개인은 그들의 사회적 관행과 그들 관행의 재생산의 근원인 아비튀스(habitus)를 물려받는다. 아비튀스란 개념은 사회적 주체들이 그들의 사회화(생각하는 방식, 미학적 기호, 어떤 방식으로 행동하는 경향)의 틀 안에 내재화시키는 일련의 획득을 지칭한다. 이러한 획득들은 영속적인 것이 되고, 그래서 부르디외의 시각에는 이것들이 집단적 논리에 속하는 개인적 행태들을 구조화한다. 실제로 사회화의 과정은 다소간 동일한 방식으로 하나의 동일한 사회 계층 안에서 이루어진다. 그러므로 사회화의 과정은 한 계층의 아비튀스의 출현을 조건짓는다. 이처럼 사회적 구조는 아비튀스를 통해서 사회적 주체의 관행 속에 통합된다. 그리고 사회적 주체들은 그들의 관행이 지니는 힘에 의해서 사회적 구조를 재생산하는 경향이 있다.

저서 《구별짓기. 판단의 사회적 비판》(1979)에서, 피에르 부르디외는 민중 계층의 사람과 상류층의 사람들이 어떻게 음식에 관한 기호에 있어서 서로 대립되는지를 보여 준다. 이들 두 계층의 관행은 아비튀스가 일상의 가장 흔한 행위 속에 깊이 뿌리박고 있음을 보여 준다.

민중 계층에 대해서 우리가 그들의 무람없는 말투를 이야기하는 것처럼 솔직담백하게 먹는 태도를 이야기할 수 있을 것이다. 식사는 풍요(그렇다고 한계와 제한을 배제하지는 않는)의 표지 아래, 그리고 특히 자유의 표지 아래 놓여 있다. 그들은 국자나 스푼을 이용하며, 구운 고기처럼 썰어지는 모든 것과 대비되며, 측정을 하거나 계산을 해야 할 필요가 없는 수프, 소스, 국수 또는 감자와 같이 '풍요하고' '탄력 있는' 음식을 먹는다.

민중들의 이런 '솔직담백하게 먹는 태도'에 대해 부르주아 계층은 형식 안에서 먹으려는 염려를 대립시킨다. 형식, 그것은 우선 기다림, 늦음과 만류를 함의하는 리듬이다. 그들은 서둘러 음식을 먹는 태도를 결코 보이지 않는다. 그들은 마지막 사람이 음식을 먹기 시작할 때까지 기다린다. 그리고 그들은 조심성 있게 음식을 먹는다.

■ 사회적 주체들은 사회적 공간 안에서, 그들이 차지하고 있는 위치를 재생산하려는 전략 안에서 세 종류의 자원을 동원한다: 경제적 자원, 문화적 자원, 사회적 자원. 이런 자원을 지니고 있는 사람들에게 있어서는 아주 종종 축적되는 경향을 보이는 이 자원들은 그 자체가 하나의 계층, 또는 하나의 사회적 계층 속의 한 부류에 속해 있는 가족 집단으로부터 계승된다.

● **경제적 자원**은 세습적 자원(토지, 부동산 재산, 금융 재산), 그리고 자본에 관련된 수입(임대료, 이자, 배당금), 임금 형태 또는 비임금 형태의 직업 활동에 관련된 수입(자유직업인 사례금, 기업가·공인·상인의 산업적 또는 상업적 이윤)이 포함된다.

● **문화적 자원**은 여러 가지 형태로 나타난다. 부르디외는 이를 다음과 같이 구분한다.

— 가정 교육에서 유래되는 '통합된' 또는 '물려받은 문화적 자원';

— 가족의 문화적 영향뿐 아니라 학교 교육에 의해서 생산되며 사회적으로 인정받는 졸업장의 취득에 의해서 확인되는 '학교 교육 자원';

— 끝으로 '객관화되는 문화적 자원,' 즉 소유에 의해서 개인적 인정의 대상이 되거나, 예술 소비자들이 그것의 인지적·미학적 특성을 해독할 수 있기 때문에 상징적인 소유의 대상이 될 수 있는 예술 작품, 책, 일련의 문화적 재산. 그래서 1966년에 나온 《예술에 대한 사랑》에서 피에르 부르디외와 알랭 다르벨은 미술관과 그 이용객들에 대한 연구를 통해 문화적 유산을 찾고, 이에 대한 기호를 갖는 것은 선천적인 것이 아니고 예술적 기호와 예술 작품에 대한 지식을 일찍부터 키울 수 있는 사회적으로 결정된 환경의 탓임을 보인다.

● **사회적 자원**은 그들의 직업적 그리고 사회적 궤적의 틀 안에서 개인들에 의해 동원될 수 있는 '사회적으로 유용한'

관계들에 의해서 정의된다. 사회적 자원은 왜 같은 졸업장을 갖고 있을 때, 사장의 아들이 노동자의 아들보다 종종 더 좋은 사회적 지위를 점유하게 되는지를 설명할 수 있게 해준다.

사회적 자원은 상호 인식, 그리고 상호 인정의 다소간 제도화된 관계의 영속적인 망의 소유와 관련이 있는 모든 실제적 또는 잠재적 자원이다. 다른 말로 하면, 사회적 자원은 연속적이고 유익한 유대에 의해서 결합된 (…) 주체들의 집합인 한 집단에 소속되어 있다는 사실과 관련을 맺는 모든 실제적 또는 잠재적 자원이다.

■ **세 집단에 의해서 경표가 설치되는 사회적 공간**: 상류층 또는 지배 계층, 중산층 그리고 민중 계층.

● **상류층** 또는 지배 계층은 그 속에 여러 부류들을 포함하고 있는 복합적인 집단이다. 이 계층에는 우선 경제적·문화적 그리고 사회적 자원 전체를 축적하고 있는 지배-지배 부류가 속해 있다. 폴리테크니크[52] · ENA[53]와 같은 유수한 그랑제콜을 졸업한 '국가 부르주아' 계층의 사람들이 이 부류에 속한다. 이 계층에 속하는 두번째 부류의 집단은 지배-피지배

---

52) 공과 계통의 그랑제콜. 〔역주〕

53) École Nationale d' Adminstration(국립행정대학교)의 약자. 고급 관료를 배출하는 행정학 계통의 그랑제콜. 〔역주〕

부류이다. 이 부류는 문화적 자원과 경제적 자원을 특히 많이 소유하고 있다. 예를 들어 교수들은 이 부류에 속한다. 그러므로 이 후자의 부류는, 부르디외의 표현에 의하면 지배 계층의 피지배 부류이다.

● **중산층**은 경제적 자원과 문화적 자원에 있어서 '평균적인' 자산의 혜택을 누리고 있다. 실제로 이들은 상류층과 서민층의 중간 수준에 위치해 있다. 이 계층은 우리가 일상적으로 '프티부르주아'라 부르는 부류(장인, 소기업가)나, 위대한 30년이 만들어 낸 경제적·사회적 변화로부터 파생된 새로운 사회적 층위의 사람들(기술자)을 포함하고 있다.

● **서민층**은 집단적 이익의 획득에 가장 유리하고 좋은 위치를 차지하게 하는 자원들을 소유하지 않고 있다는 점으로 정의된다. 노동자는 이 서민층을 대표하는 부류의 사람이다.

2. 교육 제도는 상징적 폭력의 과정을 통해서 사회적 구분을 재생산한다.

■ 성과주의적 담론으로 포장하고 있는 학교는 소유하고 있는, 사회적으로 얻어지는 자원에 따라서 그 자원의 '상속자들'을 선별한다.

교육 제도는 사회적 불평등을 재생산하고 정당화한다. 넓은 의미의 학교는 타고난 능력이라는 이데올로기에 기반하여 기능한다. 이 이데올로기는 모든 학생들은 교사의 가르침 앞에서 평등하고, 그들은 그들이 거둔 좋은 성적에 의해서만, 그리고 보편적 성격을 지니고 있는 절차(평가시험, 입학시험 등)에 대한 개인적인 소질에 의해서만 인정을 받는다는 것을 전제로 한다. 이런 순진하게 민주주의적인 이데올로기를 통해서 학교 제도는 사회적 재생산의 아주 교묘한 도구의 역할을 수행한다. 학교에서의 성공에 필요한 조건들, 즉 다양한 사회 계층에 속한 어린이들이 지니고 있는 자신들의 가정의 자원은 무시하거나 무시하는 척하기만 하면 된다. 문화적 자원의 불평등한 분배(통합된 문화적 자원)는 학교 성적의 다양한 수준으로 나타난다.

문화적 자원에 통합되어 있는 각 가정의 언어적 관행은 학교 성적에 있어서 차별적 역할을 수행한다. 학교 교육이 진행됨에 따라 학생은 점점 더 추상적인 교육에 접하게 된다. 학교는 언어적 판결을 내린다. 즉 학교는 다른 언어들은 배제하면서 합법적이라고 인정하는 언어만을 학생들에게 주입한다. 교사들이 사용하는 학교의 언어는 각 학생을 그가 사용하는 언어가 학교에서 권장하는 언어와 얼마나 거리가 있는가에 따라 판단하게 해준다. 그러니 최초의 언어적 경험이 이루어지는 가족 집단 안에서 조기에 형성되는 언어적 습성이 각 학생에게는 미래의 성공 조건을 결정짓는다고 할 수 있다.

학교 시장이 지니고 있는 아주 특별한 성격을 상기할 필요가 있다. 학교 시장은 프랑스어 교사의 강제적 요구에 의해 지배된다. 프랑스어 교사는 만약 모든 사람이 그런 능력을 지닐 공평한 기회를 가졌다면 가르칠 필요가 없는 것을 가르치도록 정당성을 부여받은 사람들이며, 잘못된 언어(징벌되는 언어)를 교정할 권리를 지닌 사람들이다. 프랑스어 교사는 언어에 관한한 아이들에 대한 일종의 재판관이다. 프랑스어 교사는 학생들의 언어에 대해서 교정을 하고, 상벌을 줄 권한을 갖고 있다.

■ **한 가정이 갖는 학교에 대한 야망은 주로 그 가정이 속한 근원적 사회 환경에 의해 결정된다.** 학교에 대한 상대적 거리, 즉 학교 제도에 대한 부모의 친숙성이나 친숙성의 부재는 교육과 졸업장을 받을 가능성에 대한 객관적인 불평등을 배가시킨다. 상류층의 부모들은 교육 제도에 관한 '내재적' 관행을 갖고 있다. 반면에 학교를 일찍 떠난 서민층의 부모들은 학교의 외재적 또는 내재적 기능 원리를 이해하지 못한 채 학교 제도를 '외부로부터'만 포착한다.

게다가 부모의 학교에 관한 야망은 가족이 소유한 자원(경제적 자원과 문화적 자원) 및 넓은 의미에서의 속한 환경(친구, 이웃, 직장 동료)의 위계적 위치에 종속되는, 그 어린이의 최상의 성공 수준을 결정한다. 그러므로 불우한 환경의 아이들은 가정과 학교에서 동시에 불리함을 겪는다. 상류 계층의 아이들은 부모의 권위와 교육체의 지지가 공동으로 작용해서 만들어내는 이익을 누린다. 어떤 이들에게는 이미 정복된 땅이고 또 다른 이들에게는 낯선 땅이 되는 학교는, 바로 문화가 그렇게 하는 것처럼 모든 사람을 각자의 정해진 위치에 위치시킨다. 이것이 바로 피에르 부르디외가 주장하는 바이다.

■ 학교에 대한 투자는 가정 자원의 구조에 의해 결정된다.
학교 자본에 투자하려는 성향은 분명 소속된 계층, 그리고 사회적 주체들이 지니고 있는 잠재적 자원의 총합에 의해서 결정된다. 그래서 중산층 가운데 문화적 자원을 가장 많이 지니고 있는 부류들(교사)은 학교 자본에 투자하려는 아주 강한 성향을 보인다. 이 부류들은 그들이 경제적 자원을 적게 지니고 있기 때문에 더욱더 이러한 성향을 보인다. 교사의 아들이 사회적 등극을 경험하는 드문 가능성들 중 하나는 바로 졸업장을 취득하는 데에 있기 때문이다.

교육 제도에 대한 이런 열의가 경제적 자원과 사회적 자원을 더 많이 갖고 있는 기업주나 상인 부류에 속하는 사람들의 아들의 경우에는 전략적으로 덜 필요하다. 실제로 그가 사회적 위치를 재생산하는 것은 교사의 아들의 경우와는 다르게, 단지 학교 자본에만 달려 있지 않다. 그것은 차라리 사회적 자원과 경제적 자원의 통합 작용에 기초한 전략에 달려 있다. 게다가 지배 계층의 자녀들이 졸업장의 형태로 지니고 있는 학교 자본은 더 높은 수익성을 지닌다. 왜냐하면 그들이 지니는 학교 자본은 경제적 그리고 사회적 자원 차원의 가족 자원 전체가 지니는 유동성에 의해서 지지되고 있기 때문이다.

그들이 할 수 있는 모든 투자를 학교 시장에 하려는 경향이 있는 교사의 자녀들과는 다르게, 성공의 다른 방법과 다른 길을 지니고 있는 기업가나 상인의 아들들은 학교의 인정에 덜 종속되고, 학교 공부에 더 적은 노력과 관심을 기울인다. 그래서 그들은 그들의 문화적 자원으로부터 동일한 학교적 산출을 얻지 못한다.

■ **학교 제도는 상징적 폭력의 과정에 기초한다.** 피에르 부르디외와 장 클로드 파스롱은 《재생산. 교육 제도 이론을 위한 요소들》에서 의미를 부여하며, 그 힘의 기초에 있는 힘의 관계를 감춤으로써 부여하는 의미들을 정당한 것처럼 보이게 하는 모든 권력을 '상징적 폭력의 권력'이라고 부른다. 전통적 사회에서 아들은 직접적으로 아버지의 지위를 계승한다. 선진 산업 사회에서는 아들이 아버지의 지위를 학교 제도라는 통로를 통해서 간접적인 방식으로 계승한다. 학교 제도는 학교가 전파하는 지식과 방법을 벗어나서, 사회적 위치의 재분배로 인도하는 졸업장을 수여하거나 수여하지 않기 위해서 지식과 방법을 활용한다.

교육 제도는 상징적 폭력의 실례이다. 왜냐하면 그것은 상류층의 관행에 일치하는 '문화적 판결'을 부과하기 때문이다. 그러므로 초·중·고등학교나 대학교에서의 성공은 학생들이 속한 계층의 아비튀스와 학교에서 정당화하는 사회적 행동이나 관행이 얼마나 서로 부합하느냐에 달려 있다. 불우한 사회 계층에 속한 아이들은, 그들이 속한 계층이 주는 1차 교육(1차 아비튀스)이 그들을 준비시키지 않은 체계(학교 체계) 안에서

주변화된다. 그렇지만 그들은 결국 학교가 내리는 상벌을
──이는 실제로 사회가 내리는 상벌이나 마찬가지이다──
받아들이고 인정하게 된다. 이는 학교가 내리는 상벌이 객관
성의 형태를 띠는 기준들로 포장되어 있기에 더욱더 그러하
다. 서민층은 자신의 능력 부족으로 인한 실패라는 거의 합리
적으로 보이는 설명 앞에서 스스로의 실패를 내재화한다. 부
르디외가 말하는 것처럼 학교는 학교가 배제시키는 사람들에
게 그들이 배제된 것은 적법한 것임을 설득시킨다. 이렇게 해
서 사회체의 다른 구성원 전체에 대한 지배층의 지배는 영속
화된다.

학교는 이제 더 이상 직접적이고 드러나는 방식으로는 전파
될 수 없는 부르주아 계층의 권리를 은밀하게 계승시키는 기능
만을 하는 것이 아니다. 특권 계층에게 계속적으로 사회적 특
권을 부여하는 특권적 지위의 도구인 학교가 문화 분야에서는,
절대적 무소유가 무소유에 대한 의식조차도 배제시키기 때문에
더욱더 쉽게 아무 자산도 물려받지 못한 자들에게 그들의 사회
적 운명과 학교에 관한 운명이 그들이 재능과 실력이 없기 때
문이라고 설득시키는 데에 성공한다.

피에르 부르디외의 사회학, 상징적 폭력 이론에 나타나는
교육 제도의 기능에 대한 분석은 학교에 관해서, 학교를 다니
는 행위에는 다양한 유형이 있음을 우리에게 설명한다. 그리
고 이를 통해 피에르 부르디외는 지배 계층의 자기 재생산을

위한 알리바이로 사용되는 학교의 성과주의 제도라는 장식을 부수고, 그 장식의 이면을 우리에게 드러낸다. 그리고 이렇게 해서 사회학은 《구별짓기. 판단의 사회적 비판》의 저자 부르디외가 강조하는 것처럼 사회성의 진정한 정신분석이 된다.

사 후

소비는 경제적이고 사회적인 현상이다.

소비의 행태는 사회 구조와 관계성이란 관점에서 연구되어야만 한다.

■ **실연(實演)의 효과와 모방의 효과는 경제적인 것과 사회적인 것 사이의 관계를 참조한다.** 미국의 경제학자 J. S. 듀센베리에 의하면 소비는 소득 수준에 의해서만 결정되지 않고, 경제적 주체가 사회 위계 안에서 처하는 상황에 의해서도 결정된다. 수입이 아주 높은 사회적 부류의 사람들은 자신들을 사회체의 다른 구성원들과 구별시켜 주는 소비 행태를 드러낸다. 그들은 그 생활 수준(구매력과 관련이 있는)에 상응하는 생활 방식(소비 양식)을 갖고 있다. 그리고 그 생활 방식은 그들이 속한 부류보다 열등한 부류의 사람들에게 강한 견인력을 행사한다. 한 개인이 자신의 자원이 증가함으로 인한 혜택을 누릴 때, 그는 전에 그보다 더 상류에 속했던 부류 사람들의 소비 행태를 따라 하는 경향이 있다. 그래서 상류 부류의 사람

들은 하류 부류의 사람들에 대해서 '실연의 효과'를 만들어 내는 것이다. 반면에 상류층으로 격상하는 데에 성공한 경제 주체들은 상류층에 대해서 '모방의 효과'를 만들어 낸다.

모방의 효과는 사회 안에서 행태의 모델이 전파되는 것을 설명할 수 있게 해주고, 선진 산업 사회의 소비 역동성, 예를 들어 내구재에 관한 소비의 역동성을 설명해 준다.

■ **과시 효과는 상류층 소비 행태의 사회적 논리를 강조한다.** 경제학자이자 사회학자인 서스타인 베블런은 유명한 저서 《유한계급론》(1899)에서 과시적 소비의 개념을 발전시킨다. 그는 19세기 미국 부르주아들의 생활 방식을 연구하면서, 상류층 사람들이 아주 종종 불필요한 물건들을 아주 비싼 가격에 구입한다는 사실을 드러낸다. 이런 관행들은 가능한 가장 적은 비용으로 최대의 만족을 얻으려 하는 합리적 인간, 경제적 인간의 개념과는 완벽하게 상충되는 것으로 여겨진다. 실제로 이런 소비 행태 저변에 있는 논리는 경제적인 것이라기보다는 사회적인 것이다. 그것은 지배 계층의 사람들에게 있어서 그들의 구매력을 드러내고, 그럼으로써 그들의 사회적 위치를 보여주는 것이다. 아주 비싼 사치품을 구입함으로써 그들은 계층의 차이를 배가시키는 차별의 기호들을 조작하여 여타 계층의 사람들과 스스로를 차별화하고자 한다. 그러므로 소비는 단순한 경제적 행위가 아니라 사회적 행위의 반열에 오른다.

다른 사람들로부터 좋은 평판을 얻고, 그것을 유지하기 위해서는 단지 부와 권력을 지니고 있는 것만으로는 불충분하다. 그것들을 분명하게 드러내야 할 필요 또한 있는 것이다. 왜냐하면 좋은 평판이란 분명히 드러나는 것에 의해서만 이루어지기 때문이다. 자신의 부를 분명하게 드러냄으로써 사람들은 다른 사람들에게 중요한 사람으로 평가받고, 다른 사람들이 그런 평가로 인해서 자신에게 느끼는 감정을 계속 유지시키고 그 감정을 더욱더 첨예화할 뿐만 아니라, 약간 덜 유용한 것이지 만 자기 자신에 대해서 만족해하는 모든 이유를 스스로 강화하고 유지한다.[54]

54) 서스타인 베블런, 《유한계급론》(1899).

V. 레이몽 부동
역효과의 이론가

레이몽 부동은 1934년 파리에서 태어나 고등사범학교를 졸업한 후 보르도대학교 교수로 활동하다가, 1966년 소르본대학교의 교수가 된다.

막스 베버의 연구와 미국 사회학에 의해서 열린 지평에 기반을 두고 있는 레이몽 부동의 사회학은 방법론적 개인주의에 속한다. 그러므로 그의 연구 절차는 뒤르켕 이래로 프랑스 사회학을 풍미하고 있던 방법론적 전체주의의 경향과 대립된다. 레이몽 부동에게 있어서 사회적 현상은 개인적 행동의 총합이 이루는 결과이다. 사회적 행위자들은 그들의 전략에 있어서 이성적이다. 그들은 가능한 최소한의 비용으로 최대한의 효용을 얻으려고 한다. 그들이 지니고 있는 정보의 불충분성은 때때로 그들이 예상하지 못하는 결과나, 그들이 예상한 것과는 반대되는 결과를 낳을 수도 있다. 바로 이런 '사회성의 논리'라는 조명하에서 레이몽 부동은 학교 제도 안에 존재하는 기회의 불평등성을 설명한다.

[주요 저서]

《기회의 불평등》(1973)

《역효과와 사회 질서》(1977)

《사회학 비평사전》(프랑수아 부리코와 공저, 1982)

《수용 관념의 이데올로기와·근원》(1899)

1. 레이몽 부동의 사회학은 방법적 개인주의의 지평 안에 속해 있다.

■ 모든 사회적 현상은 개인적 행위가 총합된 결과이다. 전체가 부분보다 우위를 점하는 방법론적 전체주의의 신봉자들과는 반대로, 방법론적 개인주의는 사회 구조에 대한 사회적 행위자들의 상대적인 독립성을 강조한다. 개인에 대한 집단의 프레그넌스[55]는 정당·노조·기업 또는 정부 기구들을 지닌 국가의 경우처럼 그 집단이 조직화되고, 그 집단으로 하여금 집단적 결정을 할 수 있게 하는 기구들을 지닐 때부터만 가능하다. 그렇지만 사회 계층과 같이 집단적 결정을 지니고 있지 않은 사회적 집단의 경우는 그렇지 않다. 사회적 행위자들은 그들에게 그들의 태도나 행동의 방향을 제시해 주는 미리 정해진 행동 지침을 갖고 있지 않다. 방법론적 개인주의의 신봉자인 레이몽 부동에게 있어서는 개인적 행위·태도·의도의 총

---

55) 개인의 지각에 강제적으로 부여되는 형식. 〔역주〕

합에 불과한 사회적 현상을 연구를 함에 있어서, 거시적 차원의 사회적 고찰에서 출발하기보다는 미시적 차원에서 사회적 근원을 살펴보는 것이 방법론적 이유로, 더 핵심적인 것으로 여겨진다.

■ **개인은 전략을 발전시킨다. 그러나 이 전략은 동일한 방식으로 동기 부여를 받은 다른 행위자들의 전략에 의해서 저지될 수 있다.** 각 개인은 타자들이 행한 행위의 결과를 접하게 된다. 사회적 행위자의 전략적 조직 안에 들어가는 요소들의 배열은, 그 행위자가 다른 행위자들의 전략에 관한 충분한 정보를 갖지 못한 채 이루어진다. 개인적 행위의 총합은 종종 각 행위자들이 최초에 가졌던 의도와는 다르고, 독립적인 하나의 전체를 낳는다. 바로 이렇게 해서 개인에 의해 의도되지 않은 현상들이 나타난다. 레이몽 부동은 이런 현상들을 역효과(effet pervers)라는 개념으로 지칭한다. 그는 저서 《사회학 개론》(1992)에서 역효과를 다음과 같이 정의한다: 두(또는 그 이상의) 개인이 하나의 주어진 목표를 추구하면서 두 개인 모두의 관점에서, 또는 둘 중 한 사람의 관점에서 볼 때 바람직하지 않을 수 있는 상태나 추구하지 않은 상태를 낳게 될 때 벌어지는 현상. 예를 들어 휴가를 떠날 때, 운전자가 교통 체증을 피하기 위해서 국도가 고속도로보다는 덜 막힐 것이라고 판단하고 국도를 택할 수 있다. 개인적인 차원에서는 이러한 선택이 아주 합리적인 것으로 여겨질 수 있다. 그러나 대부분의 운전자들이 동일한 생각을 한다면 국도는 더 막힐 것이고, 고속도로는

상대적으로 덜 막히게 될 것이다. 이처럼 미시사회적 관점에서 볼 때 합리적인 행동이 거시사회적 차원에서는 반대적인 결과를 낳을 수 있다. 바로 이것이 사회성의 논리이다.

2. 학교 제도에 관한 기회의 불평등은 사회적 행위자 들의 전략과 역효과의 발생으로 설명된다.

학교는 사회적 불평등을 재생산하는 구조가 아니다. 학교 구조의 민주화가 낳은 졸업장의 인플레이션은 졸업장의 효력을 감소시킨다.

■ 기회의 불평등은 학교 밖에서, 즉 가정에 의해서 정의되는 학교 교육의 전략 안에서 그 근원이 찾아진다. 이 전략들은 소속된 사회적 환경과 관련을 맺으며 만들어진다. 레이몽 부동은 학교에서의 성공과 실패에 관한 결정적인 기능을 문화적 자본에 부여하는 설명을 배격한다. 어린이의 학교 교육을 결정짓는 초·중·고등학교나 대학교의 분위기가 생겨나는 것은——또는 생겨나지 않는 것은——바로 가족 집단의 틀 안에서이다. 가족 집단의 지위는 교육 제도의 다양한 단계에서 어린이가 '살아남을 가능성'에 영향을 미치게 된다. 레이몽 부동에 의하면, 학교 교육에 대한 투자의 비용과 이점은 사회적 환경에 따라 다양한 방식으로 평가된다. 민중 계층의 경우에 있어서는, (장기 또는 단기의) 교육 기간에 따른 교육 비용

및 어떤 수준의 교육 성취로부터 기대되는 이점이 결국 학교 교육에 대한 투자의 '자기 제한'을 낳게 할 수 있다. 반대로 더 유복한 환경에 속하는 아이들은 더 긴 교육 기간을 갖도록 '유도될' 것이다. 왜냐하면 그들에게 있어서는 비용이 이점보다는 적다고 여겨지기 때문이다. 이처럼 교육에 관한 투자는 사회적 근원과 직접적으로 관련이 있다 그리고 이는 아이가 학교에서 좋은 성적을 거두건 그렇지 않건 간에 늘 그러하다.

한 가족이 젊은이가 합법적으로 얻으려 한다고 생각하는 지위를 다소간 혼란스럽게 정의할 때, 그 가족은 상당 부분 스스로의 지위를 참조하여 결정을 내린다. 이는 젊은이의 경우도 마찬가지이다. 주어진 한 개인에게 있어서, 어떤 지위에 대한 상대적인 관심은 적어도 어느 정도는 그의 가족이 그 지위에 부여하는 잠정적인 지위로부터 일반적으로 결정된다.[56]

■ **교육 제도의 민주화는 중산층이나 서민층 아이들에게 있어서 사회적 이동성을 반드시 함의하는 것은 아니다.** 학교 교육에 관한 개인적 결정의 총합은 타자들이 예상하는 결과와는 다른 결과로 나타날 수 있다. 그래서 졸업장이라는 학교 타이틀의 인플레이션과 관련이 있는 역효과들이 나타난다. 미시사회적 차원에서 자녀의 학교 교육 기간의 연장에 관한 한 가족의 선택은, 만약 학교 당국이 이 교육 요구를 받아들인다면 졸

---

56) 레이몽 부동, 《기회의 불평등》(1973).

업자수의 증가를 낮게 할 것이다. 이런 '교육의 민주화'는 반드시 사회적 구조의 변화, 예를 들어 고용 구조의 변형을 야기하는 것은 아니다. 대학은 기업이 노동 시장에서 지금보다 2배 더 많은 간부 사원을 뽑으려고 하지 않는데도 얼마든지 손쉽게 bac+5[57]와 같은 졸업장을 지금보다 2배 더 많이 발급할 수 있다. 졸업자의 수와 노동 시장에 존재하는 일자리 사이의 이런 차이는 근본적으로 졸업장의 가치 하락을 낳는다. 그래서 교육 제도의 민주화와 관련이 있는 교육에 대한 높은 수요는 사회 구조의 비유동성, 심지어 사회적 불평등의 증가와 함께 공존할 수 있다. 다시 말해서, 교육 앞에서의 기회 평등은 사회적 기회의 평등과 얼마든지 서로 일치하지 않을 수 있는 것이다.

교육의 느린 민주화로부터 중산층 또는 서민층에 속한 개인들이 얻어낼 수 있는 이점은 교육 수요의 전체적인 증가에 의해서 어느 정도 허상이 되어 버린다. 일반적으로 교육률의 상당한 증가와 교육의 민주화는 시간이 감에 따라 사회적 유동성이 증가한다거나, 사회적 유동성의 구조가 변화되는 것을 함의하지는 않는다.[58]

레이몽 부동은 방법론적 개인주의의 전통 안에서, 개인적

---

57) 5년간의 대학 수준의 교육 과정을 이수한 후 받는 졸업장. 〔역주〕
58) *Ibid*.

전략의 총합 현상으로 여겨지는 사회적 조직에 대한 사회적 행위자들의 '상대적 자유'를 강조한다. 그렇지만 이런 개인적 전략들은 아주 종종 허상적인 것이 된다. 왜냐하면 그 결과는 사회적 행위자들이 최초에 의도한 바와는 아주 종종 모순이 되는 것으로 드러나고, 이른바 역효과가 나타나기 때문이다. 사회적 행위자가 상대적인 자유를 얻는다면, 학교 기관은 사회-경제적 구조에 대해서 상대적인 독립성을 누린다. 이렇게 레이몽 부동이 말하는 사회성의 논리는 방법론적 전체주의에서 말하는 집단적 결정주의를 대체하는 것이다.

사 후

교육 제도의 민주화가 사회적 유동성을 막는 요인이라고 볼 수 있을까?

■ **레이몽 부동은 두 종류의 효과를 구분한다**: 학교와 사회적 유동성 사이에 맺어진 관계 안에 있는 성과주의적 효과와 지배 효과. 상식적으로 생각하면, 기회 평등 과정의 연장으로 여겨지는 교육 제도의 민주화는 반드시 사회적 유동성을 낳는다고 판단된다. 그렇지만 레이몽 부동은 이런 순진한 관점에 문제를 제기한다. 왜냐하면 교육 수요의 증가는 사회적 등급 현상에 있어서 졸업장이 미치는 효과를 감소시키는 경향이 있기 때문이다.

— 성과주의적 효과의 강도는 개인들의 모든 다른 자원들(유산, 수입, 가족 관계)을 배제한 상태에서 졸업장이 사회적 지위에 미치는 영향을 측정하는 것이다. 졸업장이 고용 시장과 기업에서 가치를 더 많이 인정받으면 받을수록 출생으로부터 나오는 특권들은 점점 더 그 힘이 작아지는 경향이 있다.

— 지배 효과의 강도는 개인이 태어나면서 갖는 사회적 환경에서 나오는 자원의 영향을 측정하는 것이다. 이는 종종 같은 졸업장을 갖고 있다면 왜 기업가의 아들이 같은 초·중·고등학교 교육과 대학 교육을 받은 노동자의 아들보다 더 높은 수입과 사회적 지위를 누리는지를 설명할 수 있게 해준다.

■ **졸업자의 증가를 수반하는 교육 제도의 민주화는 성과주의적 효과의 강도가 감소한다는 것을 함의한다.** 간부 사원의 자리가 한정되어 있기 때문에 우리는 직업적 지위를 얻고자 하는 전략에 있어서 자신이 속한 가족이 지니는 자원에 높은 가치를 부여하는 것을 보게 된다. 그리고 이것은 바로 지배 효과의 증가로 나타난다. 교육의 민주화는 실제적인 것이라기보다는 차라리 형식적인 것으로 여겨진다. 그러므로 학교는 기회의 불평등을 만드는 도구들 중 하나가 되고, 사회적 비유동성의 한 요인이 된다.

색 인

김종명
서울대학교 불어불문학과 졸업
캐나다 몬트리올 퀘벡대학교에서 언어학으로 박사학위 수여
현재 이화여자대학교 불어불문학과 연구교수로 재직중
역서: 《레바논》(창해), 《미국식 사회모델》(동문선) 등

현대신서
181

청소년이 알아야 할 사회경제학자들

초판발행 : 2005년 4월 10일

東文選
제10-64호, 78. 12. 16 등록
110-300 서울 종로구 관훈동 74
전화 : 737-2795

편집설계 : 劉汯兒 李惠允

ISBN 89-8038-531-5 04300
ISBN 89-8038-050-X (세트:현대신서)

자기를 다스리는 지혜

한인숙 (東文選 편집주간)

■ 500여 명의 성공인들이 털어놓은 증명된 지혜

흔히 사람들은 돈·명예·성공을 바라 마지않으면서 그것을 얻는 데에 필요한 지혜를 먼 곳에서만 찾으려 한다. 남보다 더 먼저 더 멀리 나아가야 더 많은 것을 얻을 수 있다고 생각한다. 그러나 알고 보면 그 지혜란 것은 의외로 가까운 우리 곁에 있다.

여기에 실린 글들은 모두가 이 시대 각 분야에서 나름대로의 성공을 거둔 이들의 입말에서 그 엑기스만을 가려뽑아 묶은 것들이다. 따라서 옛 시대의 공허한 논리가 아니고, 또한 금방이라도 떼돈을 벌어줄 것만 같은 비아그라 같은 처방약도 아니다. 보통 사람이 감히 흉내낼 수 없는 고도의 전문적인 지식을 필요로 하는 그런 것은 더더욱 아니다. 오히려 누구나가 당장이라도 실천할 수 있는 극히 단순한 것들이며, 이미 그 **성공이 입증된 이 시대의 살아 있는 지혜**들이다.

본서는 1981년부터 지금까지 23년에 걸쳐 메모해 온 것들 중 여러 신문과 잡지들에 실린 수천 명의 성공한 인물, 혹은 화제의 인물들과의 인터뷰 속에서 철학이 담긴 말들을 엮은이가 가려뽑아 묶은 것이다. 학자, 사상가, 과학자, 재벌회장, 시인, 소설가, 종교인, 경영인, 음악인, 배우, 가수, 자원봉사자, 식당주인…… 등등 각 분야에서 나름대로의 성공을 거둔 이들의 **체험에서 우러나온 삶의 밑천이 된 진실된 '말 한마디'**를 모았다.

널리 알려진 위대한 성현들과 대학자들의 수많은 명언이나 격언들은 제외하였다. 대신 실제 체험에서 우러나온 살아 있는 입말들 중 이 시대에 그 효용이 확인된 말들만 가려 모은 것이다. **같은 말이라도 누가 했느냐에 따라 그 신뢰성과 현실감의 무게가 달라지기 때문**이다.

東文選 現代新書 108

딸에게 들려 주는 작은 철학

롤란트 시몬 셰퍼
안상원 옮김

★독일 청소년 저작상 수상(97)
★청소년을 위한 좋은 책(99, 한국간행물윤리위원회)

작은 철학이 큰사람을 만든다. 아이들과 철학을 이야기하는 것이 요즘 유행처럼 되었다. 아이들에게 철학을 감추지 않는 것, 그것은 분명히 옳은 일이다. 세계에 대한 어른들의 질문이나 아이들의 질문들은 종종 큰 차이가 없으며, 철학은 여기에 답을 줄 수 있다. 이 작은 책은 신중하고 재미있게, 그러면서도 주도면밀하게 철학의 질문들에 대답해 준다.

이 책의 저자 시몬 셰퍼 교수는 독일의 원로 철학자이다. 그가 원숙한 나이에 철학에 대한 깊은 이해를 가지고 자신의 딸이거나 손녀로 가정되고 있는 베레니케에게 대화하듯 철학 이야기를 들려 주고 있다. 만약 그 어려운 수수께끼를 설명한다면 어떻게 할 것인가를 모형적으로 제시하고 있다.

철학은 우리의 구체적인 삶과 멀리 떨어져 있는 삶이 아니다. 우리가 사용하고 있는 말이란 무엇이며, 안다는 것은 무엇인가. 세계와 자연, 사회와 도덕적 질서, 신과 인간의 의미는 무엇인가 등 철학적 사유의 본질적 테마들로 모두 아홉 개의 장으로 나누어 이야기하고 있다. 쉽게 서술되었지만 내용은 무게를 가지고 있어서 중·고등학생뿐만 아니라 대학생과 성인들에게 철학에 대한 평이한 길라잡이가 될 것이다.